LE

PEINTRE EN DÉCOR.

À nos Souscripteurs.

Nous vous remercions, Messieurs, de votre participa-
tion à faire paraître un ouvrage aussi utile. Nous vous
prions de continuer à nous éclairer de vos lumières, et
de nous envoyer tous les avis et dessins utiles aux Peintres
en décor. La postérité vous en sera reconnaissante, et,
pour que cette reconnaissance se succède d'âge en âge,
nous citerons, avec distinction, vos noms à la fin de notre
ouvrage.

Le PEINTRE EN DÉCOR

ou

COLLECTION D'ÉCHANTILLONS

DE BOIS,

MARBRES, AGATES, ALBATRES, GRANITS, ETC.,

CONTENANT LES ÉLÉMENS DE PERSPECTIVE,
DE GÉOMÉTRIE, DU TRAITÉ DES OMBRES, DES ORNEMENS ET DES LETTRES;
LA COMBINAISON ET LE MÉLANGE DE TOUTES LES COULEURS;
DÉCORS D'APPARTEMENS, D'ENSEIGNES DES PLUS BEAUX MAGASINS ET BOUTIQUES DE LA CAPITALE;

Prix : 86 francs.

PAR GESLIN,

Peintre en décor,

Rue des Martyrs, N° 18, à Paris.

M DCCC XXXVIII.

LE

PEINTRE EN DÉCOR,

OU

Collection d'Échantillons

DE BOIS, DE MARBRES, BRONZES,

LETTRES ET ORNEMENS

EMPLOYÉS DANS LES DÉCORATIONS.

PAR

Une Société de Peintres en Décor,

Et Philanthropes, glorieux d'offrir à leurs Contemporains, et de transmettre
à la postérité, le fruit de leurs études, de leur expérience
et de leurs observations.

Les décorations et les titres, en obligeant à la
bienséance ceux qui en sont revêtus, diminuent
les mauvais exemples.

DÉLÉYIS

* * *

PARIS,

CHEZ M. GESLIN, DIRECTEUR DE L'OUVRAGE,

RUE DES MARTYRS Nº 10.

1835.

Introduction.

En traçant cet ouvrage, dont la partie technique est spécialement destinée aux Peintres, nous n'avons point jugé nécessaire de traiter de la nature et de la composition des couleurs, attendu que nous écrivons pour des personnes qui ont déjà des connaissances assez étendues dans ces opérations. Plusieurs auteurs nous ont devancés dans cette partie ; et il deviendrait superflu de répéter ce qu'ils ont déjà dit, d'autant plus qu'ils n'ont omis que très-peu de choses, que nous rétablirons dans nos chapitres sur les différentes espèces de peinture, dont nous nous proposons de donner des détails très-étendus : de ce nombre nous citerons plus particulièrement l'*Art du peintre doreur* par M. Watin, ouvrage utile à consulter, assez connu et répandu pour nous dispenser d'en faire l'éloge. Nous allons, en partant du point où leurs lumières se sont éteintes, pénétrer, avec celles que nous avons nouvellement acquises, le plus loin qu'il nous sera possible dans le domaine de l'art. Nous donnerons cependant à chaque

échantillon que nous représenterons le nom
des couleurs dont il se composera , et la
manière de les employer : ce travail , essentiel
pour l'intelligence de ceux qui voudront ap-
prendre ou se perfectionner, sera exposé avec
beaucoup d'attention et de détails ; l'ouvrage
sera divisé par chapitres , de sorte qu'au
moyen de la table on pourra trouver de
suite l'échantillon que l'on désirera connaître,
ainsi que son texte.

Comme le texte de notre première livraison contiendra plusieurs chapitres sur la
peinture en général , nous nous trouverons
en retard pour l'explication de nos planches
que nous ne pourrons donner qu'à la livraison suivante ; et, comme cette explication
contiendra moins d'espace , nous espérons
qu'à la sixième livraison nous nous trouverons au niveau de l'un et de l'autre, c'est-à-
dire que chaque échantillon sera accompagné
dans sa livraison de l'explication qui y a
rapport. Le complément de l'ouvrage sera
arrivé à la douzième livraison, dans laquelle
on donnera les tables des chapitres et des
numéros d'échantillon avec la planche supplé-
mentaire pour servir d'introduction à l'album
d'échantillons.

L'ordre de nos numéros de planche ne sera pas suivi à la rigueur, attendu que, désirant rendre nos livraisons aussi intéressantes les unes que les autres, nous répartirons nos échantillons en conséquence pour arriver à ce résultat ; ainsi on ne sera pas surpris de trouver dans la première livraison les n°s 3, 5, 6, 10, 12 et 17 : nous n'en suivrons pas moins pour cela nos explications dans le texte par ordre de numéros. Une table à la fin du texte indiquera le chapitre que l'on désirera connaître, ainsi que l'explication de l'échantillon.

L'ouvrage étant terminé formera deux parties, le volume de texte sera séparé des planches, et ces dernières, réunies ensemble par ordre de numéros, formeront un album auquel nous ajouterons une table pour faciliter la recherche de l'échantillon que l'on voudra trouver de suite.

Nous avons jugé utile de donner des modèles de principes pour les bois, les marbres, les agates, les albâtres, et un petit exposé des convenances et des harmonies de la nature, afin de bien familiariser le lecteur avec son sujet, de faire parfaitement connaître l'objet que l'on se propose d'exécuter, et de lever toute incertitude à cet égard. Il nous est arrivé , ayant à copier un échantillon d'une espèce qui ne nous était pas parfaitement connue, de nous trouver fort embarrassés, ne pouvant dépasser les limites qu'il nous retraçait ; nous ne pouvions varier sans craindre de nous écarter de la vérité , et par cette raison nous nous trouvions obligés de reproduire servilement le même morceau. Mais il n'en est plus de même lorsque vous avez une connaissance exacte de l'objet que vous représentez, que vous connaissez parfaitement sa formation , que vous avez suivi la nature pas à pas, et que vous avez pénétré les secrets qu'elle emploie pour former ses divers ouvrages. Alors, le pinceau à la main, vous travaillez hardiment et avec assurance ; votre imagination s'élance, rapide, dans l'infini, s'identifie avec la nature, et devient créatrice comme elle.

Pour faciliter les élèves , nous donnerons deux tableaux sur la définition des couleurs, avec l'aide desquels on pourra facilement composer tous les tons qui existent dans la nature.

LE

PEINTRE EN DÉCOR.

CHAPITRE Ier.

DE LA PEINTURE EN GÉNÉRAL.

Ce que nous nommons aujourd'hui l'art de la peinture, cet art si sublime, ce fils chéri de la Divinité, qui élève l'homme presque à sa hauteur, qui reproduit tout ce que l'imagination la plus féconde peut enfanter, ces formes si divines, ces contours si gracieux, capables d'inspirer l'amour, le respect, et les actions les plus nobles ; ce civilisateur du genre humain, l'orgueil de tous les mondes, le premier de tous les arts, a dû, suivant les lois naturelles, être bien peu de chose à sa naissance : il en est ainsi de tout ce qui commence. Toutes les personnes qui ont écrit sur cet objet nous ont dit que son origine se perdait dans la nuit des temps ; nous partageons entièrement leur opinion; mais nous pouvons supposer que vraisemblablement il a commencé par la découverte de quelques matières qui ont nuancé les mains en y touchant, et que le hasard aura fait rencontrer, comme quelques fruits, quelques herbes ou terres colorantes. Il est encore présumable que l'on aura commencé par colorer des objets que l'on avait souvent sous les mains, comme un arc, une flèche, etc., pour arriver par degrés à peindre avec des couleurs bien imparfaites les portes, les murs des maisons et les objets d'ameublement. On commença à fixer les couleurs avec différentes substances dont aucun auteur ne nous donne connaissance, pour arriver ensuite à composer la peinture à la cire, et qui est la seule dont les anciens fassent mention dans leurs ouvrages; ensuite on a dû faire d'autres préparations pour fixer la couleur, comme la gomme, le lait et toute sortes de matières collantes, pour arriver à la peinture à la colle, qui, par sa fraîcheur et sa facile exécution, est encore préférée de nos jours à toute autre préparation, surtout pour les intérieurs, les choses qui demandent une prompte exécution, et pour les personnes délicates qui craignent les odeurs; enfin, en l'année 1410, Jean Eik, natif de Bruges, découvre la peinture à l'huile, découverte inappréciable pour préserver de l'injure du temps les objets qu'elle recouvre. Nous arrivons au dix-neuvième siècle, riches de toutes ces découvertes, classées par genres bien distincts, avec chacun leur nom et le traité qui leur sert de base. Il semble qu'il n'y ait plus que le décor, cet enfant né du luxe et des plaisirs, qui seul attende des hommes conciencieux, pour lui poser aussi ses principes; et c'est ce dont nous allons nous occuper aux chapitres suivans.

CHAPITRE II.

DU DÉCOR ET DE SES PROGRÈS.

La peinture en décor, depuis quelques années, a marché d'un pas rapide vers le but de son perfectionnement; elle a pris un essor dont on ne peut se faire une juste idée qu'en comparant ce qui se faisait en ce genre, il y a cinquante ans, avec ce que l'on exécute aujourd'hui.

Les monumens que l'on a découverts dans les ruines de Pompéi et d'Herculanum, en attestant que les anciens se plaisaient comme nous à faire imiter, pour décorer leurs demeures, les bois, les marbres, les granits, les bronzes, et toutes sortes de pierres précieuses, nous révèlent qu'ils étaient, à cette époque, bien loin de nous dans l'exécution de ces différens ouvrages.

Ils n'avaient point encore classé la peinture : un artiste peignait indistinctement l'histoire, le paysage, les ornemens, l'architecture, les bois, les marbres (Raphaël, Michel-Ange peignaient aussi le décor). Il embrassait tout à la fois, et, par cette raison, négligeait les parties qui lui plaisaient le moins, ne pouvant raisonnablement atteindre à la parfaite connaissance de tous ces genres. Mais, depuis qu'il n'en est plus ainsi, que chaque partie de l'art est cultivée séparément, les progrès vers le mieux ont été rapides, et le décor s'en est particulièrement ressenti. Toutefois, malgré l'ancienneté de ce genre, on ne lui avait point encore assigné un nom ; ce qui nous empêche de découvrir, comme nous venons de le dire, l'époque où il prit naissance ; et, comme il n'existe aucun document qui puisse nous en instruire, nous ne pouvons mieux faire, pour écrire son histoire, que de partir du 18e siècle, puisque, vers sa fin, il n'était encore que fort peu de chose pour nous : il se réduisait, pour le bâtiment, à faire, pour imiter le marbre, avec les barbes d'une plume, quelques bariolages de couleur sur les retours de cheminées et sur les plinthes des appartemens. On faisait pour des fêtes quelques mauvaises peintures, ainsi que pour les théâtres ; mais on ne pouvait pas appeler cela des décorations. Nous ne pouvons raisonnablement dater qu'au règne de la république, époque qui a enfanté bien des choses ; on citait à cette époque les Ramier, les Chaillot, les Beaufrère, les Dubois et autres ; ensuite est arrivé le consulat, l'empire avec leurs fêtes à jamais célèbres, et le luxe des brillantes demeures de nos généraux, maréchaux, sénateurs, etc., époque où se sont illustrés les Mœneh et autres, où le fameux Philippe s'est créé un genre à lui seul pour les marbres. La galerie du Louvre et le Musée des Antiques, avec leurs marbres et leurs ornemens, nous ont révélé ce que l'on pouvait attendre du décor et de notre Philippe, l'élève de la nature, tandis que d'un autre côté s'élançaient avec des manières différentes les Renard, les Laroche et une infinité d'autres moins connus. Il en est résulté émulation de part et d'autre ; on joutait à qui ferait le mieux : ce fut alors le plus haut degré où la peinture en marbre s'est élevée. Toutefois le bois fût resté en arrière, et il nous fallut les Louis Gui-

det, les Delahys , tous deux élèves de ces derniers pour ramener cette partie au niveau des
marbres, malgré que leurs mains habiles fus-
sent conduites plutôt par une routine que par la
connaissance des vrais principes. Nous repro-
duirons dans nos échantillons la touche et la
manière des artistes que nous venons de citer;
car leurs travaux, en partie recouverts et dis-
parus, seraient perdus pour la postérité, qui
attend de nous une ample provision de modèles; elle aurait d'autant plus sujet de les regret-
ter, que dans ce moment la peinture en marbre
semble faiblir, surtout depuis que la mode s'est
emparée des ornemens et des bois ; ces derniers se font par un nouveau procédé importé
en France par des Anglais (nous le donnerons à
l'article des bois).

Après des progrès aussi rapides, le décor a dû
prendre une prépondérance dans la construction
des édifices et des embellissemens de toute
sorte; ses succès sont devenus si généralement
reconnus que chaque personne qui s'en occupe
en a honoré son état : on dit un tapissier décorateur, un menuisier décorateur , un peintre
décorateur, un architecte décorateur ; et enfin

le décor est arrivé au point d'être, par son rapport avec toutes les parties de l'art de construire, comme le chef administrateur. Le décorateur est dans la construction d'un édifice comme un chef d'orchestre dirigeant tous les musiciens.

Dans une décoration où on emploie les peintres de tous les genres, depuis le peintre d'histoire jusqu'au peintre d'impression, tous doivent sacrifier telle ou telle partie de leur travail pour arriver au résultat que le décorateur s'est proposé ; car lui seul a le sentiment et l'ensemble de son ouvrage. S'il n'en était pas ainsi, que chacun traitât sa partie en particulier, il en résulterait un tout composé de morceaux bien exécutés, mais sans ensemble ; il est donc bien essentiel que le décorateur, quel qu'il soit, peintre ou architecte, connaisse parfaitement tout ce qui a rapport à ce genre, et se fasse une juste idée des convenances et de l'harmonie des choses naturelles.

CHAPITRE III.

CE QUE NOUS ENTENDONS PAR DÉCOR.

On décore en général tout ce qui est susceptible de représenter quelque figure ; on décore un personnage avec des marques de distinction ; on décore les habitations avec des meubles, des fleurs, des draperies et autres objets ; on décore un parc, des jardins, des places publiques ; on décore un appartement, un théâtre, un palais, une galerie où l'on place des tableaux convenablement pour les faire valoir par différentes oppositions de couleurs ; on décore toutes sortes de monumens, des temples, et même des tombeaux ; on pourrait dire que le décor prend l'homme en naissant et le suit encore après sa mort. Un tableau n'est lui-même qu'une décoration ; car il est le résultat des convenances

réciproques des figures qui y sont représentées,
dans l'intention de flatter les sens, ou de produire par de fortes oppositions des sensations
pénibles.

La peinture en décor est l'image de toutes
ces décorations, le miroir de la nature, la magie des illusions, et capable de produire en nous
les plus fortes impressions. C'est là que l'artiste,
abandonnant le stérile domaine de la réalité,
où les hommes, les faits, les objets ne se montrent
que tels qu'ils sont, parvient à nous créer
comme un nouveau monde, où les objets se
font voir tels que la nature nous dit qu'ils
pourraient être. C'est là que toutes les existences
s'agrandissent et s'ennoblissent, par l'échange
qui s'y fait des vérités d'imitation particulière
contre cette vérité abstraite et généralisée qui
les comprend aussi. Tout ce qui nous entoure,
tout ce que nos yeux charmés peuvent apercevoir ne produit-il pas en nous les effets les
plus surprenans? il suffit, pour nous en convaincre, de jeter un coup d'œil autour de nous.

CHAPITRE IV.

DES HARMONIES DE LA NATURE.

La nature, notre véritable guide, nous montre dans ses productions variées des lois presque toujours constantes ; de là naissent les convenances et l'harmonie. C'est l'harmonie qui rend tout sensible, comme c'est la monotonie qui fait tout disparaître. Il n'existe point de corps coloré dont la nature ne relève la teinte, par le contraste de deux nuances extrêmement génératives, qui sont le blanc et le noir. Tout corps se détache par ces deux extrêmes, qui sont la présence et l'absence de la lumière ; ainsi, chaque corps porte avec lui une harmonie toujours complète : si nous étions éclairés par un air lumineux, c'est-à-dire que la lumière nous vînt de tous les côtés, nous n'apercevrions point de forme. C'est donc par une raison bien convenable à nos yeux,

que la nature a fait partir d'un seul point, en
donnant le mouvement, le soleil qui est la source
de cette lumière, afin de nous former avec des
ombres des harmonies toujours variées; elle
nous le démontre évidemment dans toutes ses
productions.

Les matières qu'elle a mises à notre disposition
pour les imiter sont nos trois couleurs primitives : le jaune, le rouge et le bleu ; le blanc
n'étant regardé que comme la présence de la
lumière, et le noir l'absence. Rien de plus par-
fait que l'harmonie de nos trois couleurs élémentaires : le rouge placé au centre en est comme
la vie, il est à juste titre préféré à toutes les
couleurs ; en effet quelles riches teintes il donne
en s'étendant avec le bleu jusqu'à s'y confondre! même lorsqu'on le mêle avec le jaune,
de quelles jolies nuances ne sont-ils pas susceptibles! Point de combinaisons heureuses sans la
présence du rouge; c'est encore cette couleur
qui donne la vie aux animaux : elle est répandue parmi les minéraux et les végétaux qui nous
attachent le plus; elle est répandue avec profusion sur la rose, que nous connaissons comme
la plus belle des fleurs.

L'arc-en-ciel, qui nous fait tant de plaisir à voir, n'est lui-même qu'une harmonie composée de nos trois couleurs , et qui se dégrade dans toutes les nuances lumineuses d'une manière presque imperceptible. Le coucher du soleil , avec ses riches couleurs et ses formes majestueuses, présente encore des harmonies que l'on ne peut se lasser d'admirer ; remarquez qu'elles sont par gradations jusqu'au plus brillant qui est la lumière même. Un paysage où les montagnes et les vallées sont ornées de maisons et enrichies de belles végétations , où serpente une rivière, un fleuve, en formant des contours gracieux parmi les plus riches couleurs et se dégradant jusqu'à se confondre avec l'horizon, sont des harmonies qui pénètrent au fond de l'âme. Un être bien proportionné , une figure régulière nous font plaisir à voir; il en est de même pour l'assortiment des couleurs : c'est par l'effet de leur harmonie que l'on produit d'agréables sensations. Il est des formes qui font aussi sur nos sens des effets sensibles; en général, les formes qui approchent le plus de la sphère sont les plus agréables à la vue. Enfin l'harmonie, selon les Grecs, était fille de Mars et de Vénus : charmante allégorie qui, mariant ensemble la force et la beauté, leur fait produire l'ordre, dirige vers le plaisir et la félicité des êtres sensibles, ordre qui sans doute est nécessaire à la satisfaction des dieux comme au bonheur des hommes.

La nature, qui nous offre des harmonies aussi agréables, nous en montre aussi qui nous impriment la terreur, soit dans ses formes soit dans ses couleurs. Par exemple, remarquons le ciel, dans un moment d'orage, offrir à nos yeux de ces tons brusqués du noir au blanc sans gradations, ces lignes de feu en zig-zag sur un nuage bien noir; joignez à cela le bruit du tonnerre et le sifflement des vents. Les animaux qui nous inspirent la frayeur ont aussi des cris aigus et sont revêtus de couleurs tranchées, comme les reptiles dangereux, nuancés de jaune et de noir, les tigres bariolés de noir sur un fond fauve, etc.

Puisque la nature déploie devant nous tous les secrets qu'elle possède pour nous inspirer toutes sortes de sensations, il ne nous sera pas difficile, en la suivant et en l'imitant, d'arriver aux mêmes résultats.

CHAPITRE V.

DE L'HARMONIE D'UN APPARTEMENT.

L'antichambre, par sa position, est une pièce presque toujours habitée; il est convenable que la peinture en soit un peu sévère : un plafond uni, les murs en granit, et les portes en bois peu recherché. La peinture de la salle à manger doit être la représentation d'une nature moins commune, par exemple des marbres, des bois choisis, au plafond quelques ornemens en sculpture ou imitation. Dans un salon on peut peindre dans le plafond un ciel, des sujets de la fable, des allégories, des génies ailés, et surtout éviter, autant que possible, d'y peindre des choses invraisemblables, comme une rivière, des tonneaux, des voitures et généralement toute espèce de corps que l'on suppose pesant ; car la nature ne nous

montre point de ces choses aussi ridicules qu'in-
convenantes, et nous pouvons varier à l'infini en
mettant chaque chose à sa place. On placera sur
les murs, après les avoir recouverts de jolies
tentures de soie ou de papier, ou des imitations
de ces derniers en peinture, des tableaux de
toutes sortes. Les portes seront peintes en espèces
encore plus recherchées que dans la précédente
pièce. Dans la chambre à coucher, nous imi-
terons les plus belles tentures avec de riches
broderies représentant divers sujets, comme
Morphée avec ses pavots. Dans le boudoir les
amours, les grâces et les attributs de la coquet-
terie. On peut peindre tous ces sujets dans des
compartimens que l'on disposera sur les murs,
s'ils ne le sont déjà par la disposition des lambris,
et qui feront tableau, en évitant, autant que possible, sur des parties déjà peintes en bois ou autre
nature, d'y représenter des figures en couleur et
qui ne peuvent avoir l'air que d'être collées sur
la partie où elles sont peintes, chose qui ne peut
exister. Il ne faut, nous le répétons, ne rien faire
d'invraisemblable; tout ce que l'on représentera
doit être motivé, avoir un but basé sur les lois de
la nature; on arrivera toujours à un heureux

résultat en suivant ce principe. On pourra imiter
des sculptures d'une matière riche comme l'or,
l'argent, l'ivoire, le bronze, etc. — Si l'on dé-
sirait absolument avoir des figures en couleurs
et vivantes, il faudrait leur créer un motif,
comme les poser sur un piédestal, sur une con-
sole, ou les représenter dans un paysage, dans
un salon qui serait sensément se voir dans la
pièce suivante, puisque le tableau figurerait une
ouverture. La salle de bains se peint ordinairement en marbre, on peut y représenter Neptune,
des fleuves, des nayades, ou tout autre sujet en
ce genre.

CHAPITRE VI.

DE L'HARMONIE D'UN SALON ET DE LA DISTRIBUTION DES COULEURS.

Supposons un salon d'une architecture bien régulière, et, pour joindre le précepte à l'exemple, nous prions le lecteur de prendre devant lui la planche n° 18 qui facilitera beaucoup nos explications. C'est un fragment de notre salon, par exemple ; des colonnes de l'ordre corinthien avec arrière-corps composé d'un lambris distribué par panneaux, avec des glaces, les portes et croisées un peu renfoncées et encadrées d'un chambranle à riches moulures. Il s'agit de tirer le parti le plus avantageux de cet ordre d'architecture.

Que se propose-t-on lorsque l'on veut peindre cette pièce ? 1° Changer la nature de toute cette ordonnance, qui doit être ou en bois ou en plâtre, en une nature plus riche et plus agréable à la vue ; 2° donner de la grandeur et de l'espace dans la pièce ; 3° faire valoir le dessin de l'architecture. Choisissons des marbres : nous pourions prendre également pour exemple toute autre nature ou même une couleur unie, mais nous préférons prendre le marbre parce qu'il nous offrira plus de difficultés. Pour le bien harmoniser, faisons le fût des colonnes en jaune de Sienne, puisque c'est la nature que l'on adopte le plus généralement ; les chapiteaux en bronze, et, comme nous considérons le chapiteau comme un ornement rapporté sur la prolongation de la colonne, nous aurons soin de rappeler, s'il y a lieu, la couleur du fût de la colonne dans les fonds des chapiteaux, c'est-à-dire toutes les parties qui ne sont pas plus saillantes que le fût, et les ornemens du chapiteau en bronze antique. L'architrave sera peinte également en jaune de Sienne, les moulures, et tout ce qui sera en saillie de l'aplomb des colonnes, en bronze. La frise, en jaune antique, donnera plus de légèreté à l'architecture, car la frise dans l'entablement est placée entre les chapiteaux et la corniche pour reposer les yeux, et mettre une partie douce et tranquille entre les ornemens vigoureux des chapiteaux et de la corniche; à cet effet elle est presque toujours considérée comme table renfoncée; le jaune antique rapellera le jaune de Sienne de nos colonnes qui viendront légèrement en avant par l'effet de leur ton plus vigoureux. Nous ferons les ornemens de notre frise aussi en bronze, mais d'un ton moins vigoureux que celui des chapiteaux ; nous ferons la corniche comme l'architrave et les colonnes avec les ornemens en bronze ; nous ferons le plafond en ton de ciel bleu ou gris avec ou sans nuages, peu nous importe pour notre décoration, puisque c'est en quelque sorte une partie détachée et sur laquelle nous avons déjà fait nos observations. Nous sommes déjà arrivés au plafond, et nous n'avons pas parlé des piédestaux de nos colonnes que nous supposons poser sur le parquet; comme c'est une partie qui n'est pas essentiellement liée avec le reste de l'architecture, nous pouvons, comme étant plus rapprochée de nous, choisir une nature plus sévère, d'un ton plus ferme, pour éloigner nos colonnes; et, afin de prendre une couleur qui s'harmonise avec ce que nous avons peint déjà , nous choi-

sirons le vert d'Egypte, et nous ferons les moulures en bronze rouge. Pour nos arrière-corps,
qui, comme nous l'avons dit, sont divisés par panneaux, afin de les rendre encore plus éloignés et
les bien détacher de nos colonnes, nous choisirons
une couleur moins vive, moins saillante ; et pour
qu'elle s'harmonise avec le reste nous ferons
nos champs en brèche violette un peu soutenue,
et les panneaux de même nature, mais plus légèrement veinés, afin de faire fuir encore cette partie
le plus loin possible. S'il y a des ornemens, nous
les ferons naturellement d'une couleur d'or
également sur les champs et les panneaux. Ces
derniers, étant d'un ton plus rapproché de l'or,
fuiront d'autant plus que les champs en étant plus
éloignés trancheront davantage et, par cette
raison, s'éloigneront l'un de l'autre. Les portes
et croisées répéteront en quelque sorte les entrecolonnes qui sont remplis en partie par des
glaces ou des tableaux de même dimension.
Afin de mettre de la régularité dans notre ouvrage, nous pourrons les peindre d'une couleur
un peu foncée qui rappellera le fond des
glaces, sans cependant les faire trop brillans.
En conséquence nous ferons les panneaux en bois

d'Amboine jaune veiné légèrement et les champs
en loupes du même bois, les ornemens en or ;
les chambranles seront peints comme l'encadrement des glaces.

Récapitulons en regardant notre ouvrage afin
de bien faire comprendre nos idées. Remarquons
notre premier plan, en marbre jaune de Sienne,
avec ses couleurs vigoureuses, se dessiner sur
ce qui lui sert de fond tout en s'harmonisant
avec complaisance, car il y a toujours harmonie
quand les couleurs ou formes ne se détruisent
pas l'une par l'autre ; et il y a le contraire, lorsque une couleur tue celle qui l'accompagne.
Nous n'avons point à craindre cet inconvénient
dans la décoration de notre salon, attendu que
nous avons suivi sans le vouloir une des harmonies les plus agréables de la nature, ce que l'on
appelle le lever de l'aurore ; car les montagnes
dorées par le soleil peuvent rappeler nos colonnes, et la brèche violette, avec ses nuances
rouges, jaunes et bleuâtres, tient un peu du
ciel. Ainsi notre fond se dégrade avec assez de
complaisance sans cependant se détruire l'un
par l'autre ; car, au contraire, l'un fait valoir
les beautés de l'autre, les couleurs et les formes

timides de la brèche violette laissent briller de tout leur éclat les couleurs et veines hardies du jaune de Sienne ; notre brèche violette légère , à son tour, se dégrade assez de nos champs pour les en bien détacher , et rendre le dessin plus léger ; nos portes et croisées , par le choix que nous avons fait, sont bien à leur place respective et indiquent assez le vide de nos glaces ; nos ornemens se dégradent également bien les uns sur les autres sans se nuire ; la teinte vigoureuse du bronze sur nos colonnes jaunes se détermine assez bien sur les ornemens dorés de notre fond presque blanc ; d'un autre côté, le blanc va bien avec l'or et s'y mêle avec douceur en rappelant notre premier plan ; il en est de même du bronze avec le jaune. Ainsi, d'après toutes ces considérations, nous pensons que notre distribution réunit toutes les conditions requises par les convenances et l'harmonie, en arrivant au but que nous nous sommes proposé en commençant notre opération.

Si, au lieu d'avoir un salon dont l'architecture est bien ordonnée, nous avions des ornemens d'un mauvais goût, et que par économie ou par tout autre motif on ne voulût point en changer

le genre, nous le peindrions d'une couleur
uniforme, soit d'une seule espèce de marbre ou
d'un seul ton uni : par ce moyen nous masque-
rions le ridicule de la distribution, en confondant
avant, arrière-corps et ornemens tout ensemble.

Nous terminerons ce chapitre par quelques
considérations sur les couleurs qui s'harmonisent
bien ou mal ensemble. Nous paraîtrons un peu
longs au lecteur ; mais pardon : nous lui avons
promis de tout dire et il faut bien acquitter nos pro-
messes. Nous allons entreprendre une chose bien
difficile, et, malgré le proverbe qui dit que du
goût et des couleurs on ne peut en discuter,
nous le discuterons cependant ; car, malgré que
chacun ait son goût, il en existe un qui n'est
point sujet au caprice, le véritablement bon ,
et ce goût est celui des personnes qui ont étudié
la nature et qui se rapportent toujours ensemble.
Nous ferons remarquer , et l'expérience nous le
prouve, que le bleu et le vert à volume égal font
mal ensemble; ce sont les deux couleurs qui se re-
poussent avec le plus de violence ; le rouge
foncé avec le rose tendre se détruisent encore
l'un et l'autre; le violet avec le bleu foncé fait
encore le même effet; le vert , le bleu et le jaune,

ne s'harmonisent point ensemble ; le bleu et le jaune, le vert et le jaune sont trop fades s'ils ne sont point relevés par un peu de rouge ; en général, toutes les couleurs où le rouge figure font ordinairement bien. Les couleurs foncées à petit volume font bien sur un fond tendre, et réciproquement les couleurs claires sur un fond foncé ; l'or est trop clinquant sur un fond fon-cé, il a plus de moelleux et de richesse sur un ton clair. En général les doubles fonds font toujours bien et sont toujours ce qu'il y a de plus agréable pour des distributions de lam-bris ; enfin, quand on veut assortir des couleurs ensemble pour en décorer un lambris ou toute autre partie du bâtiment, l'objet principal est de ne les faire trancher que le moins possible l'une sur l'autre : on arrivera par ce moyen à un heu-reux résultat. Nous allons terminer là notre chapitre, en nous réservant de développer entiè-rement nos idées à chaque échantillon-modèle que nous donnerons dans le courant de notre ouvrage.

CHAPITRE VII.

DE LA PEINTURE A LA COLLE OU DÉTREMPE.

Cette peinture peut s'employer pour masquer toutes sortes de sujets qui ne sont point exposés à l'humidité ou à l'injure du temps; la pluie l'efface facilement. On l'emploie à l'extérieur pour les décorations de fêtes, mais ce sont des peintures qui ne durent qu'un jour, et encore faut-il que ce jour soit exempt de pluie. Cette peinture s'emploie à chaud. Pour l'exécuter, on procède de la manière suivante:

1° *Sur bois neuf.* — Vous époussetez avec une brosse pour ôter la poussière qui peut s'être introduite dans les fonds de moulures, et même sur les surfaces planes de votre sujet.

2° *Sur plâtre ou autre enduit.* — Vous passez légèrement le grattoir sur toutes les parties à

peindre, afin d'abattre les petits grains qui y res-
tent toujours après le travail des maçons ; ensuite vous époussetez.

3° *Sur ancienne peinture à la colle.* — Si elle se
lève par écailles, il faut gratter à vif et bien net-
toyer, dégager les moulures de manière à ce
qu'il ne reste plus rien sur le sujet, que le bois
ou l'enduit soit à nu. Si le fond est bon, c'est-
à-dire s'il ne s'écaille pas, vous le lavez simplement avec de l'eau, que vous épongez vivement
pour qu'elle y séjourne le moins possible. On les-
sive ou on gratte légèrement les parties qui se
trouvent tachées de graisse ou d'huile.

4° *Sur ancienne peinture vernie ou à l'huile sans
être vernie.* — Il faut lessiver à l'eau seconde pure
de manière à bien enlever le vernis, et laver à
grande eau pour enlever toute l'eau seconde, qui,
en restant, nuirait aux couleurs que l'on se propose de mettre sur le sujet.

Après toutes ces opérations, soit d'une manière
ou de l'autre, vous prenez une partie de colle
en forte gelée, et que l'on vend toute préparée
chez les marchands de couleurs (on compte, à
peu près, une livre par toise); vous la faites
chauffer prête à bouillir ; vous y mettez infuser

(pour une livre de colle) à peu près un pain
de blanc d'Espagne, que vous avez préalablement écrasé le plus fin possible ; vous laissez infuser cinq minutes, ensuite vous remuez avec la
brosse à peindre, et vous couchez votre sujet
avec une brosse un peu usée, afin de pouvoir
appuyer un peu fortement pour faire pénétrer
la colle dans les pores du bois. Après cette couche de préparation, que l'on appelle encollage
ou premier blanc, on rebouche avec le mastic
fait avec le blanc d'Espagne et la colle ; on ponce
lorsque le sujet le demande. C'est sur cette première couche ordinairement que l'on trace les
objets que l'on veut représenter.

C'est aussi sur cette préparation que vous posez toutes les teintes plates, les tons unis que vous
voulez faire, et que vous préparez en faisant infuser dans l'eau la quantité de blanc d'Espagne,
cassé en morceaux, que vous jugez convenable
pour couvrir votre sujet. Lorsque le blanc est
bien infusé, vous rejetez l'eau qui se trouve au-
dessus, afin que la teinte soit bien épaisse avant
d'y introduire la colle ; ensuite vous ajoutez,
dans l'infusion de blanc, les couleurs néces-
saires pour faire le ton que vous désirez ; vous

détrempez le tout avec la colle de peau bien chaude, et vous couchez votre sujet; c'est ce que l'on appelle coucher de teinte. Pour un fond uni , on donne ordinairement cette couche assez forte pour qu'elle puisse couvrir seule, sans être obligé d'en donner une seconde qui est souvent sujette à peloter.

On peut former toute espèce de nuances, toutes les couleurs étant susceptibles de se mêler avec la colle ; il en existe cependant quelques-unes qu'il faut préalablement broyer à l'eau : le brun vandick offre beaucoup de difficulté pour l'employer à la colle, mais on le remplace facilement avec d'autres couleurs pour former son ton. La peinture à la colle change beaucoup en séchant, au point que quiconque n'a pas l'habitude de son emploi ne reconnaît plus son ouvrage lorsqu'il est sec ; aussi doit-on s'assurer de sa teinte en l'essayant, avant de commencer, sur un pain de blanc d'Espagne bien sec et sur lequel on en pose un peu avec la petite brosse. Le pain de blanc a la propriété de boire tout ce que la couleur contient d'humidité et de la faire sécher à l'instant même. Comme nous l'avons déjà dit, nous n'entrerons point dans tous les détails sur l'emploi des couleurs puisque nous écrivons pour des peintres; nous renvoyons le lecteur, qui aura besoin de connaître toutes ces manutentions et chaque manière de peindre, à l'ouvrage de M. Watin que nous avons déjà cité.

CHAPITRE VIII.

DE LA DÉTREMPE VERNIE.

La détrempe vernie est la peinture à la colle faite avec beaucoup de soin ; lorsqu'elle est bien sèche, vous l'encollez avec de la colle blanche de parchemin ou peau blanche que vous battez fortement dans un camion et que vous passez à froid au travers d'un tamis de crin. Vous donnez une couche de cette préparation, que vous avez soin de remuer souvent, pour qu'elle n'ait pas le temps de reprendre sa première consistance, avec une brosse douce, et très-légèrement dans la crainte d'effacer votre ouvrage, ayant soin de ne pas repasser sur la même partie. Vous avez une petite brosse bien douce dont vous vous servez pour atteindre dans les moulures, et toujours très-légèrement afin de ne pas dépouiller les

vives arêtes. On peut remplacer l'encollage de
parchemin par l'empois fait avec l'amidon, que
l'on emploie de la même manière; mais il faut
toujours en donner deux couches, et encore il
ne réussit pas aussi bien que le précédent, qui,
lorsqu'une seule couche est bien donnée, et que
l'on n'a pas fait d'oubliettes, peut suffire pour
recevoir le vernis que vous posez immédiatement après que votre encollage est sec, ce qui se
reconnaît lorsqu'on n'aperçoit plus de nuances
foncées et que tout est uniforme. Il faut vernir
avec précaution, ne pas prendre trop de vernis
dans votre brosse; car, si vous vernissiez trop
grassement, le vernis serait susceptible de fouiller. Il y a encore un inconvénient qu'il faut
faire en sorte d'éviter, ce sont les petits bouillons qui proviennent de l'emploi de la détrempe
trop chaude ou trop froide, en la couchant, ou de
ce que la partie n'a pas été assez lissée; il y a
aussi des colles qui contribuent beaucoup à ce
désagrément, et donnent au vernis encore
plus de dipositions à fouiller. Ayant verni un
peu à sec, comme nous venons de le dire, vous
pouvez donner une seconde couche de vernis,
aussi grassement qu'il est possible pour ne pas

engorger le fond des moulures ; car, après s'y
être arrêté, il descend en larmes sur votre ouvrage, ce qui n'est pas beau du tout. On peut
aussi donner une seconde couche d'encollage
quand on n'est pas très-sûr de la première et
que l'on craint d'avoir fait des oubliettes. Pour
la détrempe vernic on peut employer indistinctement le blanc d'Espagne et le blanc de
céruse : cependant ce dernier est préférable, car
l'ouvrage est plus fin ; et, s'il arrivait de faire des
oubliettes, elles paraîtraient moins.

CHAPITRE IX.

DÉTREMPE VERNIE POLIE.

La détrempe vernie polie se fait par les mêmes procédés, avec cette différence seulement que l'on fait un fond de blanc à la colle que l'on polit à l'eau avec la pierre ponce et un chiffon, avant de passer aux dernières couches de teinte qui se donnent avec une brosse bien douce et de la couleur bien broyée : le reste se fait comme à la détrempe vernie.

CHAPITRE X.

PEINTURE AU VERSPOLIN.

La peinture au verspolin est encore une peinture à la colle et qui remplace la détrempe vernie avec beaucoup d'économie : elle consiste à faire une peinture à la colle ordinaire plus ou moins bien soignée; elle réussit toujours, et sur tel sujet que ce soit. La peinture à la colle étant sèche, vous donnez dessus, et avec le soin de ne pas dépouiller les vives arêtes (ce qui est assez difficile vu le peu de couleur dont le sujet est ordinairement recouvert), une couche d'un encaustique composé comme il suit : prenez quatre onces de cire vierge, trois onces de savon blanc, une demi-once de sel de tartre; coupez le savon par petits morceaux bien minces et mettez le tout dans un vase bien propre; ajoutez un litre d'eau de fontaine ou de rivière, mettez le tout sur le feu, laissez bouillir dix minutes en ayant soin de remuer avec un petit bâton de bois ou spatule également en bois ; laissez à moitié refroidir en continuant de remuer fortement avec une brosse bien propre ; passez le tout à travers un tamis. Après avoir donné cette couche vous laissez sécher, et, avec une brosse à polir, comme celles dont on se sert pour polir la cire que l'on emploie pour cirer les bottes, vous frottez votre ouvrage jusqu'à ce qu'il devienne brillant comme le vernis. Vous donnez le dernier coup avec un morceau de serge que vous passez fortement dessus pour obtenir le dernier brillant.

Cette peinture est préférée à la détrempe vernie, parce qu'elle présente plus de solidité et qu'elle est entièrement sans odeur.

CHAPITRE XI.

PEINTURE ODORANTE.

La peinture à la rose, à l'œillet, à la violette, etc., se fait par le même procédé que nous venons de décrire ; vous ajoutez seulement dans votre composition d'encaustique, et lorsqu'elle est bien refroidie, savoir, pour obtenir l'odeur de la rose, une demi-once d'essence de bois de Rhodes ; pour obtenir celle de l'œillet, même quantité d'essence de girofle ; et pour celle de violette, de l'iris : vous battez bien l'une de ces odeurs avec votre encaustique, et vous l'employez comme il est dit plus haut ; alors votre peinture a acquis l'odeur dont vous l'avez imprégnée, et, chaque fois que l'on passera la serge dessus en frottant on renouvellera l'odeur. Cette peinture est très agréable et réussit très-bien, surtout sur des parties qui sont susceptibles d'être atteintes par le frottement.

CHAPITRE XII.

DU DÉCOR A LA COLLE ET A LA BIÈRE.

On peut faire des bois et des marbres sur des peintures ainsi préparées à la colle, savoir : un encollage, reboucher et poncer, ensuite un blanc ou deux donnés avec soin ; encoller de nouveau, mais avec la colle froide de parchemin, c'est-à-dire l'encollage ; laisser sécher, et ensuite avec des couleurs broyées à l'eau, et que l'on détrempe avec de la bière pour remplacer l'huile et l'essence, on fait les bois et les marbres, puis vous vernissez et l'ouvrage est fini, et le tout sans odeur. Malheureusement nous avons reconnu que cette peinture n'était pas solide à l'extérieur et qu'elle était sujette à gercer, étant exposée au soleil.

CHAPITRE XIII.

DU DÉCOR A L'HUILE SUR FOND A LA COLLE.

Sur les mêmes fonds préparés à la colle et encollés à froid, on fait les bois et les marbres à l'huile, en glaçant et ébauchant comme si c'était sur un fond à l'huile, avec cette différence qu'il faut avoir soin d'employer un peu plus d'huile grasse pour détremper ses teintes ; on vernit et tout est fini. Cette peinture se fait ordinairement sur des sujets délabrés, comme lambris de différens morceaux et mal joints, des parties de plâtre crevassées, et généralement lorsqu'il y a beaucoup à reboucher, vu qu'il est plus facile d'unir un fond avec le mastic à la colle qu'avec celui à l'huile, que l'on peut coller des bandes de papier sur les plus grands joints, et que le blanc masque mieux.

CHAPITRE XIV.

PRÉCEPTES GÉNÉRAUX POUR FAIRE UN BON FOND A LA COLLE, SOIT SUR BOIS OU SUR PLATRE.

Pour la première couche,

1° La colle doit être d'une bonne force , ordinairement on prend de la colle double.

2° L'employer passablement chaude afin qu'elle pénètre mieux dans le sujet, ne mettre du blanc que pour blanchir seulement la colle, ce que l'on appelle encollage.

3° Reboucher, poncer et épouster. On donnera la seconde couche avec la colle un peu moins forte et plus chargée de blanc.

4° La troisième encore un peu plus faible, ainsi successivement autant que l'on reconnaît la nécessité d'en donner.

Il est important que la dernière couche soit

préparée avec de la colle moins forte que la précédente pour l'empêcher d'écailler.

Il est inutile de dire que, si l'on prépare un fond pour le chipolin, l'on doit suivre les mêmes préceptes et qu'il faut donner quatre ou cinq blancs, l'un en tapant et l'autre en lissant alternativement jusqu'au dernier qui doit être donné lisse.

CHAPITRE XV.

DE LA PEINTURE A L'HUILE A L'EXTÉRIEUR.

Vous n'ignorez pas, ami lecteur, quels sont les couleurs que l'on emploie dans la plus solide, la plus utile et la plus facile à exécuter de toutes les espèces de peintures; mais vous ignorez peut-être quelques petits détails que M. Watin a négligés dans son ouvrage.

Pour faire une bonne peinture solide à l'extérieur, si c'est sur des plâtres crus, sur le sapin ou bois blanc (car nous regardons le sapin et le bois blanc comme aussi spongieux que le plâtre), la première couche doit être détrempée à l'huile pure et extrêmement liquide, cependant colorée assez pour pouvoir au rebouchage apercevoir les trous, opération qui doit toujours se faire après la première couche, pour

que le mastic soit bien recouvert et ne puisse
repousser au travers de la couleur. On n'oubliera
pas d'y ajouter le siccatif nécessaire, car il est
l'âme de la peinture à l'huile. Une couleur qui
sèche promptement est toujours plus belle et
plus fraîche. Le meilleur siccatif est la litharge
en poudre très-fine; une demi-once suffit pour
une livre de couleur; dans les couleurs composées avec presque tout blanc de céruse, on en
met moins, parce que le blanc est déjà siccatif par lui-même. Dans la seconde couche,
on incorporera un huitième d'essence avec
l'huile, afin de dégraisser un peu, et que
la couleur couvre mieux; à cette dernière
couche, on visitera scrupuleusement l'ouvrage
pour s'assurer si l'on n'a pas oublié quelques petits trous, que l'on rebouchera avec du
mastic fait avec du blanc de céruse broyé à
l'huile et rendu solide avec du blanc d'Espagne
sec, et que l'on aura soin de teinter le plus près
possible du ton de l'ouvrage; ensuite on donnera la troisième couche, que l'on détrempera
également à l'huile coupée de moitié d'essence. Si le sujet exige une quatrième couche,
on la donnera préparée comme la troisième,

seulement avec un peu plus d'essence dans l'huile pour détremper.

Si nous augmentons progressivement la dose d'essence à chaque couche, c'est afin d'éviter que la peinture se lève par cloches et se faïence. L'expérience nous a démontré souvent la réussite de ces préceptes.

Si ce sont des bois durs, comme le chêne, que l'on ait à peindre, on prépare sa couleur comme nous venons de l'indiquer à la deuxième couche sur les plâtres; et les autres couches, en augmentant la dose de l'essence dans les mêmes proportions. Nous augmentons la dose de l'essence par la raison que, les bois étant moins spongieux, par conséquent absorbant moins d'huile, la couleur devient plus difficile à sécher, surtout lorsqu'elle est employée grassement, inconvénient qu'il faut tâcher d'éviter. En général, lorsque la couleur à l'huile est étendue à sec, et lissée également, elle est et plus solide et plus belle ; c'est tout le contraire pour la peinture à la colle. On doit peindre à la nage, en dégorgeant les ornemens et les angles des moulures avec la petite brosse pour en retirer les paquets qui s'y réunissent toujours.

CHAPITRE XVI.

DE LA PEINTURE A L'HUILE A L'INTÉRIEUR.

A l'intérieur, sur les plâtres, bois de sapin et
bois blancs, on donne la première couche détrempée à l'huile pure; la seconde, moitié huile et
moitié essence; la troisième à l'essence pure, et la
quatrième également si l'ouvrage l'exige. Il faut
avoir soin de ne détremper que la quantité de
couleur que l'on pourra employer dans la jour-
née, attendu que le lendemain la couleur est
grasse et jaune; on peut cependant éviter
cet inconvénient en couvrant avec soin le
camion ou le seau qui contient le reste de
la couleur que l'on n'a pu employer. L'ouvrage
ainsi préparé est le seul moyen d'obtenir un
beau vernis, car il est disposé pour le recevoir,
ou pour rester mat, qui est la peinture la plus

généralement en usage, et que l'on préfère avec raison à la peinture vernie, parce que le vernis, quelque beau qu'il soit, jaunit toujours. La peinture à l'huile mate ne le cède en rien à la peinture en détrempe pour la fraîcheur : elle offre aussi une grande économie sur celle qui est vernie, et son usage est général à Paris. Bientôt, nous l'espérons, il s'étendra dans les départemens, et on y perdra la mauvaise habitude de faire des peintures à l'huile qui ne brillent que d'un mauvais éclat, et sont toujours d'une nuance jaunâtre, teinte occasionée par la grande quantité d'huile que l'on y emploie, tel choix qu'on fasse d'ailleurs de sa qualité, toujours fort long-temps à sécher, et exhalant pendant des années une odeur infecte que l'on ne pourrait respirer à Paris dans les quartiers où l'air est si rare. La peinture à l'huile mate n'a point tous ces inconvéniens, attendu qu'au bout de deux jours elle est devenue assez sèche pour que son odeur soit entièrement nulle.

CHAPITRE XVII.

DE LA PEINTURE A LA CIRE.

Il existe une manière de peindre à la cire qui est nouvellement en usage, et qui peut avec succès remplacer les peintures à fresque; mais il est difficile de l'employer pour peindre les parties susceptibles d'être touchées, parce qu'elle ne peut pas acquérir un degré de dureté convenable : on l'enlève facilement avec l'ongle.

Cette peinture se fait à chaud et par des procédés dont MM. Vivet et compagnie, marchands de couleurs, rue du Roule, nº 15, sont dépositaires. On trouve à cette adresse les couleurs et liquides tout préparés pour l'exécution de cette peinture; elle offre cet avantage d'être aussitôt sèche comme elle est posée, et de pouvoir obtenir de suite la plus grande vigueur de ton, et à l'instant même, comme par enchantement. Si l'on parvenait à rendre cette peinture aussi ductile que celle à l'huile, elle lui serait bien préférable.

Nous avons essayé, en faisant fondre une partie de cire dans une égale partie d'essence de térébenthine, de nous en servir à chaud comme liquide pour détremper nos couleurs broyées à l'huile, et le résultat a été assez satisfaisant.

Nous invitons nos lecteurs à répéter nos essais.

CHAPITRE XVIII.

DE LA PEINTURE A FRESQUE.

La peinture à fresque, rendue célèbre par le génie de Michel-Ange et de Raphaël, ne peut être employée qu'à une certaine hauteur. Elle consiste à employer les couleurs à l'eau sur un enduit tout frais : on y procède au moyen de calques que l'on prépare d'avance d'après le dessin du sujet que l'on veut représenter ; aussitôt que l'enduit est posé, on trace avec le calque, et on applique aussitôt la couleur.

Nous n'entrerons point dans des détails plus étendus sur cette manière de peindre, qui est connue depuis des siècles, et qui, d'ailleurs,

ne s'emploie que très-rarement, surtout depuis
que nous avons acquis les moyens de la remplacer avec avantage. (On peut consulter sur ce
sujet le *Dictionnaire des Beaux-Arts.*)

CHAPITRE XIX.

DE LA PEINTURE EN DÉTREMPE POLIE ET RECHAMPIE.

Cette manière de peindre n'est pas beaucoup en usage, attendu qu'on la remplace par le stuc, qui en approche beaucoup. Elle consiste à préparer son fond par un encollage de colle double, et suivant les mêmes préceptes qui sont indiqués au chapitre XIV, avec cette différence que, avant de commencer, vous préparez vos teintes en infusant le blanc d'Espagne à l'eau, et y incorporez vos couleurs, selon la teinte que vous voulez faire; après l'avoir bien maniée, vous la faites ressuyer sur un mur de plâtre bien sec et bien propre. La teinte tombe d'elle-même aussitôt qu'elle est ressuyée et séchée; ensuite vous vous en servez pour faire votre gros blanc qui sera de couleur au lieu d'être blanc, et vous en donnez ainsi six ou huit couches , en tapant et lissant alternativement. Lorsque le tout est bien sec, vous polissez à l'eau avec la pierre ponce et le chiffon , à la manière du chipolin et par partie ; aussitôt que le polissage est terminé et que la partie est encore humide, vous lustrez avec la paume de la main jusqu'à ce que la partie devienne brillante comme une glace , et l'ouvrage est terminé. Si vous avez plusieurs teintes , vous les employez de la même manière que la précédente, l'une après l'autre ; et, comme on ne pourrait pas rechampir avec le gros blanc, vous vous servez d'une petite lame de fer-blanc ou de verre , que vous posez de champ sur l'ouvrage, pour former la séparation de vos teintes : on tient cette lame d'une main pour la faire avancer ou reculer, selon le besoin ; par ce moyen si simple , vos couleurs sont séparées l'une de l'autre sans difficulté , et votre rechampissage est bien net.

Nous avons encore différentes manière de peindre, que nous donnerons successivement dans les chapitres suivans, en traitant du sujet qui y a rapport.

CHAPITRE XX.

DES TROIS COULEURS ÉLÉMENTAIRES ET DE LEURS COMBINAISONS.

Les physiciens nous démontrent qu'en décomposant un rayon de lumière on en forme sept couleurs, qu'ils appellent couleurs primitives, et qui sont dans l'ordre qui suit : le violet, l'indigo, le bleu, le vert, le jaune, l'orangé et le rouge ; en peinture, nous n'en connaissons que trois, que nous appelons élémentaires. Ces trois couleurs sont : le bleu, le rouge et le jaune. *(Voyez Pl. Ire, fig.* 1.*)* Avec ces trois couleurs élémentaires nous formons, par leurs combinaisons entre elles, les sept couleurs primitives que nous présente le rayon lumineux des physiciens ; malgré qu'à la rigueur nous n'en reconnaissions que six, car le bleu et l'indigo ne font que deux nuances de bleu, et non deux couleurs différentes : nous les admettrons cependant, ne voulant pas disputer avec messieurs les physiciens, d'autant plus que notre but n'est pas de nous occuper de physique, et que c'est uniquement à la connaissance de la peinture que nous consacrons cet ouvrage. Nous venons donc de dire que nos trois couleurs élémentaires, combinées entre elles, formaient toutes les couleurs imaginables ; il est facile de s'en convaincre en donnant un coup d'œil sur la *fig.* 2 *de la Pl. I*, où ces trois couleurs sont représentées sur trois figures posées à distances égales sur un cercle. En effet, on remarque sur ce cercle, du rouge au jaune, tous les tons orangés, depuis le plus rouge jusqu'au plus jaune; de même que du jaune au bleu, tous les tons verts; également du bleu au rouge, tous les tons violets, et l'indigo, si l'on peut le voir dans le ton qui est le plus près du bleu. Ainsi, par l'exposition de cette figure, nous avons devant les yeux toutes les couleurs qui existent dans la nature, dans l'arc-en-ciel et dans le spectre solaire; et c'est avec ces mêmes couleurs que l'on représente tous les objets que notre vue peut aper-

cevoir, et ceux que l'imagination la plus féconde peut inventer : joignons-y le blanc et le
noir, qui ne sont, comme nous l'avons déjà dit,
que la présence et l'absence de toutes couleurs,
et qui servent cependant à leur donner de l'in-
tensité, de la lumière, et à les absorber graduellement jusqu'à les anéantir, les perdre dans
les ténèbres. Nous n'avons pas jugé utile de
donner un exemple du mélange de chacunes de
nos trois couleurs élémentaires, attendu que
les personnes qui nous liront comprendront facilement qu'en mélangeant le blanc avec le
rouge, dans toutes les proportions, on obtien-
dra toutes les nuances de rose, de même qu'en
le mêlant avec le noir on formera tous les tons
bruns. Il en sera de même pour les deux autres couleurs, savoir : avec le bleu et le blanc,
tous les bleus clairs; avec le noir, tous les
bleus foncés; et, avec le jaune, tous les tons
clairs et foncés. Nous en donnerons un exemple
avec le noir et le blanc.

CHAPITRE XXI.

DU BLANC ET DU NOIR.

Le blanc et le noir (voyez planche 1re bis), réunis dans des proportions quelconques, formeront toujours un gris. Le quadrilatère gris qui se trouve sous le blanc et le noir, et que nous appelons teinte géométrale, est censé appartenir autant au noir comme au blanc, c'est-à-dire qu'il y est entré une aussi grande quantité de blanc comme de noir pour la composer. En ajoutant une petite quantité de noir, on formera la première teinte de gris plus foncé qui se trouve à droite; en y ajoutant encore une autre partie, on fera la seconde teinte en suivant, ainsi que la troisième, etc., jusqu'au noir même; alors il y a totalement absence de gris, il est entièrement éteint par le noir. En opérant de la même manière avec le blanc, on formera toutes les nuances gris clair successivement, en y ajoutant du blanc graduellement jusqu'au blanc pur que l'on considère comme la lumière même.

C'est par les mêmes combinaisons que l'on fera les autres nuances; c'est en combinant dans une égale proportion le rouge avec le bleu, que l'on formera le violet, que l'on dégradera dans les tons foncés avec le noir, et dans les tons clairs avec le blanc, comme nous venons de le dire en parlant du noir et du blanc.

C'est avec le jaune et le rouge que l'on formera les tons orangés, et également avec le blanc et le noir que l'on formera les teintes claires et foncées de chaque côté. C'est encore avec l'union du bleu et du jaune que l'on aura le vert, qui ensuite, mélangé au blanc et au noir, donnera toutes les nuances claires et foncées. Il en sera de même de l'union du vert avec le violet, ainsi que du vert avec l'orangé, de même qu'avec l'orangé et le violet.

Les trois couleurs qui se trouvent combinées ensemble pour former le violet, l'orangé et le vert, dans des proportions à peu près égales, formeront par leur réunion une nuance , celle qui approche le plus de l'absence de toute couleur teinte que l'on emploie ordinairement pour les fonds de tableaux et dont elle porte le nom.

On voit donc, par la combinaison de nos trois couleurs élémentaires, que nous sommes arrivés à former nos sept principales nuances, que nous avons ensuite, avec le blanc et le noir multipliés dans tous les tons, depuis le plus clair jusqu'au plus foncé. On divise encore toutes ces nuances en une infinité de tons presque imperceptibles à la vue, par le moyen de différens mélanges. Par exemple, on voudrait avoir un violet plus bleu, on ajouterait une plus grande quantité de bleu ; de même on voudrait avoir un violet tirant plus sur le rouge , on mettrait une plus grande quantité de rouge , ainsi de même pour toutes les autres nuances. Si l'on veut un vert tirant plus sur le bleu, on y ajoutera une plus grande quantité de cette dernière couleur , etc.

La chimie, cette source féconde où puise continuellement la peinture , et qui marche rapidement de découvertes en découvertes, en agrandissant son domaine, nous offre dans ses produits une grande partie de toutes les nuances que nous venons d'examiner dans les combinaisons de nos couleurs, et d'une manière bien plus franche pour produire tous les tons susceptibles d'entrer dans toutes les combinaisons de couleurs.

Le tableau suivant contient les noms d'une grande partie de ces couleurs. que nous avons classées suivant leurs tons respectifs, en commençant chaque catégorie par la nuance la plus pâle.

Première catégorie.

DES BLANCS : — d'argent, de plomb, de céruse, d'Espagne, et de craie.

Deuxième catégorie.

DES NOIRS : — de charbon, de pêche, de vigne, de fumée et d'ivoire.

Troisième catégorie.

DES BLEUS : — l'azur, l'émail, le cobalt, l'outremer, le smalt (ou bleu Dumont), bleu intense, minéral, de Prusse, et d'indigo.

Quatrième catégorie.

DES ROUGES : — carmin de cochenille, de garance, vermillon de Hollande, français, de Chine, cinabre, rouge d'Inde, de mars, de Prusse; et les ocres.

Cinquième catégorie.

DES JAUNES : — massicot (ou céruse calcinée), jaune minéral, d'antimoine, gomme-gutte, stil de grain, jaune de chrôme, orpin, jaune de Naples, de mars, indien, ocre jaune, de ru, terre d'Italie.

Sixième catégorie.

DES VIOLETS : — laques plate, carminée, de garance, précipité d'or violet, et violet de mars.

Septième catégorie.

DES ORANGÉS : — le minium, la mine-orange, l'orpin rouge, et le safran.

Huitième catégorie.

DES VERTS : — cendre verte, vert de cobalt, de Scheèle, vert végétal, minéral, de chêne, anglais, fixe, de gris, cristallisé, de vessie, terre verte.

Neuvième catégorie.

DES BRUNS ROUGE : — brun de Wandick, brun rouge, de mars, carmin brûlé, terre d'ombre brûlée.

Dixième catégorie.

BRUNS-JAUNATRES : — stil de grain brun, terre de Cassel, terre d'ombre, bistre, sépia, terre de Cologne, momie, bitume et terre de Sienne calcinée.

CHAPITRE XXII.

DES BOIS.

Les bois, comme chacun le sait, sont les arbres qui couvrent une partie de la surface de la terre; il en existe dans tous les pays où il y a de la terre végétale; chaque climat a des propriétés particulières qui leur donnent diverses qualités. Ceux qui croissent dans les pays les plus rapprochés du soleil sont plus agréablement nuancés; en général, les bois de l'Amérique et de l'Asie sont plus colorés que ceux d'Europe, la même espèce diffère beaucoup de couleur.

Tous les arbres croissent à peu près de la même manière, et se composent des parties ci-

après : 1° les racines, qui occupent le bout infé-
rieur de l'arbre, prennent leur nourriture dans
la terre, et sont destinées à la porter à toutes
les autres parties ; 2° le tronc, ou corps de l'arbre, est destiné à porter les branches qui à leur
tour portent les feuilles : ce sont ces mêmes
branches, sorties du tronc, qui forment les
nœuds, les ronces et les loupes ou grosseurs qui
se forment autour du corps de l'arbre. Ce sont
ces mêmes loupes que l'on recherche particulièrement depuis quelques années, et avec lesquelles on fait de si jolis meubles ; beaucoup de
personnes les confondent avec les racines, mais
elles n'y ont aucun rapport ; ces dernières ne
diffèrent pas assez des autres parties pour être
un sujet d'étude en peinture. Les loupes se forment par une infinité de petites branches qui
sortent du corps de l'arbre, et qui sont cassées,
coupées, ou rongées par les animaux ; d'autres
leur succèdent et éprouvent le même sort, de
sorte qu'au bout de quelques années ces petites branches avortées, poussées et successivement rongées, forment des grosseurs d'un
volume assez considérable pour produire, en les

débitant, des planches de 18 pouces à 2 pieds et même plus de largeur.

Les bois sont nécessairement un des objets qui s'est offert le premier aux besoins de l'homme, car ils doivent être aussi anciens que le monde; il a dû en faire sa première arme pour se défendre contre les animaux méchans, et, à l'aide de cailloux tranchans, il est parvenu à les façonner à divers usages, jusqu'à ce que, découvrant les métaux, il a su en faire des objets d'une plus grande utilité. C'est avec le bois que l'on a fait la première architecture, et c'est aussi avec le bois que l'on a fait la première sculpture. La première statue de Diane, sans doute bien imparfaite, qui ornait le temple d'Éphèse, était en bois. On rapporte que Mutianus, trois fois consul (50, 70, 75 de Jésus-Christ) vit ce même temple d'Éphèse dans l'île de Mélos, quatre cents ans après son rétablissement : un escalier, fait en bois de vigne de Chypre, conduisait au faîte de l'édifice (Pline croit que c'était de la vigne sauvage); qu'elle soit sauvage ou cultivée, peu nous importe : il fallait que les vignes de ces temps-là parvinssent à une grosseur assez considérable pour en former de pareils travaux. Mais ce qui nous importe beaucoup, c'est de savoir que les anciens, dans leurs ouvrages , employaient, comme nous le faisons aujourd'hui, toutes sortes de bois. Les lambris du temple de Salomon, à Jérusalem, étaient faits avec les cédres du mont Liban, une partie de la construction en était aussi. C'est encore avec le bois, dont on fait un choix heureux, que l'on orne nos édifices ; c'est encore avec lui que l'on fait ces jolis meubles dont il fait seul toute la richesse, par le parti que l'on sait en tirer , et par le travail perfectionné que les ébénistes savent leur donner ; car cette partie a suivi aussi notre siècle de progrès, et a su, par sa marche rapide, se montrer à la hauteur des autres arts industriels. Ce sont ces mêmes bois que nous imitons en peinture avec une rare perfection , et même jusqu'à tromper l'œil le plus exercé. Les anciens en imitaient aussi, mais qui ne ressemblaient en rien à ce que nous faisons aujourd'hui ; on n'y reconnaissait aucun caractère naturel , ils se contentaient de faire quelques lignes parallèles avec la brosse ou le pinceau ; ils n'avaient pas encore découvert la veinette et tous les procédés dont nous nous servons aujourd'hui : leurs travaux , que l'on découvre dans les ruines de Pompéi et d'Herculanum, nous en offrent la preuve incontestable.

La planche 2e est une partie de tronc de chêne, il est vu dans la même position que celle qu'il occupait lorsqu'il était encore dans la terre ; le bout indiqué par la lettre A est celui qui vient le plus près des racines, et celui B est le bout qui porte les branches. Il offre à la vue trois corps bien distincts , savoir : l'écorce qui lui sert d'enveloppe, le cœur et l'aubier. Le cœur est la partie de bois arrivée à sa maturité, c'est la partie parfaite qui a acquise toute sa solidité; l'aubier est la partie du bois qui est en travail et qui n'est pas encore terminée, aussi évite-t-on de le mettre en œuvre. L'écorce du chêne sert à faire le tan et entre aussi dans la composition de la teinture en noir.

Les petites lignes circulaires du bout du tronc A sont ce qu'on appelle les veines; elles marquent par leur nombre les années de l'arbre, elles se font particulièrement remarquer dans les sapins. Ces mêmes veines sont représentées sur la partie intérieure de l'arbre qui a été ouvert suivant la ligne A B , et forment des lignes parallèles et interrompues par le mouvement du corps de l'arbre qui n'est pas parfaitement droit et exactement rond, ce qui motive les veines cassées et qui forment des A : ces mouvemens se dérangent encore par la présence d'une branche qui vient à sortir du tronc, et emporte avec elle la direction des veines qui en sont rapprochées. Les branches croissent de différentes manières , tantôt horizontalement au tronc de l'arbre, et tantôt perpendiculairement ou parallèlement à la direction du corps de l'arbre. La branche coupée et marquée 2 est de ce dernier caractère. C'est de cette manière de se former que naissent les ronces, comme on peut le voir à la même partie vue intérieurement; ces deux parties, en croissant ensemble et l'une contre l'autre, se sont contrariées, les veines de chaque direction se sont froissées, croisées et incorporées pour ainsi dire l'une dans l'autre, au point de ne plus former qu'un seul corps extrêmement compacte, et donnent lieu à ces ondulations qui forment la ronce. Cela n'arrive que très-rarement à certaines espèces d'arbre, et c'est pour cette raison qu'elles sont très-recherchées.

Lorsque les branches croissent en prenant une direction horizontale ou diagonale au corps de l'arbre, elles ne nous offrent point les mêmes effets ; la branche prend sa direction en froissant un peu quelques veines qui se trouvent sur son passage. Nous prendrons par exemple la petite bosse indiquée par I , et celle du milieu du tronc, et qui ne sont autre chose que deux de ces branches qui ont été coupées , et que l'écorce a recouvertes avec le temps, ces deux branches, suivant leur direction ont formé les nœuds représentés sur la partie intérieure qui se trouve y correspondre , indiquée par le même chiffre.

Ainsi , d'après l'exposé de ces principes , on voit comment commence et finit la ronce, ce qui produit les nœuds; l'interruption des veines, d'après ce que nous avons déjà dit, est facile à concevoir : car, le corps de l'arbre n'étant pas droit; en le sciant par le milieu, et suivant une ligne droite, on a dû couper une partie des veines circulaires , ce qui les rend presque droites, dans les parties qui approchent le plus de l'aubier , et presque circulaires en approchant du cœur, parce que la scie en ce dernier

endroit a passé diagonalement sur les veines.
Plus le bois que l'on fend avec la scie est droit,
et moins il offre de ces veines circulaires, puisqu'il est vrai que, dans le bois fendu avec la
hache ou le coutre, on ne voit aucunement de
ces dernières veines. Elles sont toutes bien parallèles, et, lorsque par hasard il s'y rencontre un
petit nœud, les éclats de bois se détachent et laissent un trou qui est le passage de la branche
qui a formé le nœud et fait l'effet d'une cheville,
surtout lorsqu'elle n'est pas bien incorporée
avec les parties que l'on en détache, et qu'elle
se trouve éloignée du cœur, car c'est toujours
de ce dernier que partent toutes les branches
et la séve qui nourrit toutes les parties de l'arbre.

CHAPITRE XXIII.

DES MARBRES.

Dans les temps les plus reculés on donnait le nom de marbre à toutes les pierres susceptibles de recevoir le poli; mais, depuis ces époques, la science de la minéralogie s'est tellement agrandie, que toutes les espèces qui couvrent la surface et même l'intérieur de notre globe ont été classées par espèces, par familles, etc.; il en est résulté que chacune a reçu une dénomination particulière : dans ces nomenclatures on les a distinguées par leurs composés chimiques, par la disposition des couleurs et des veines, et par leur structure; on a donné le nom de marbre à toutes les pierres d'une pâte fine susceptible de recevoir le poli , et composées pour la plupart de carbonate de chaux , et dont les couleurs sont disposées par veines de différentes nuances.

Les marbres existent en grande masse dans le sein de la terre ; on les en retire pour orner nos édifices. C'est avec cette belle matière, distribuée avec goût, que l'on annonce la richesse et la somptuosité des monumens ; depuis des siècles ils sont employés à cet usage.

L'emploi des marbres remonte vers le commencement du 7ᵉ siècle avant Jésus-Christ : on les employa d'abord à la sculpture; on formait des figures au moyen de leurs différentes espèces, et on imitait les plus riches habits. Les marbres étaient encore bien rares à cette époque, dans l'Attique et l'Asie Mineure, car *Pausanias* rapporte que l'on décerna de grands honneurs à Pixadore, berger qui découvrit les carrières de marbre dont on construisit le temple d'Éphèse, et que l'on éleva des statues à Byzès, pour avoir fait connaître les carrières du mont Pentélès.

Il est certain que le marbre pour se former a d'abord existé en pâte liquide formée par la stagnation des eaux , et qui peu à peu se sont

retirées, comme nous apercevons tous les jours
les vases que les rivières et la mer apportent sur
la plage et qu'elles laissent en se retirant ; ces dé-
pôts s'étant solidifiés avec le temps, et accrus
des matériaux que l'eau dépose chaque jour,
ces nouvelles matières, chargées de sucs propres
à donner les principales couleurs que l'on rencontre dans les marbres , se sont réunies pour
former des masses , qui se sont ensuite recouvertes de différentes terres propres à entretenir
et aider le travail de la nature. On rencontre
des marques irrécusables de ce travail dans
tous les marbres de première formation ; on
voit les veines qui indiquent où l'eau a séjourné
par leurs contours arrondis, d'autres où elle
s'est écoulée en se mêlant avec un peu de matière pour former des veines allongées , telles
qu'on en voit dans le marbre blanc, le malplaquet,
le cerfontaine, la languedoc, le rance, le vert
de mer, le vert d'Égypte, etc. Après l'opération
de ce travail, et la masse ayant déjà atteint un
degré de solidité, elle s'est encore durcie et raf-
finée, et en se resserrant a formé des crevasses
*(comme il arrive aux parties de murs ou de pla-
fonds des maisons construites en plâtre)*, et qui

se sont remplies avec des sucs lapidifiques de différentes nuances, mais ordinairement blancs: ce qu'il est facile d'apercevoir par la structure de ces veines qui traversent toujours toutes les autres, et qui indiquent très-bien qu'elles ont été formées les dernières , par les raisons que nous venons d'indiquer; car elles ont toujours la forme des crevasses dont nous avons parlé. D'autres marbres sont faciles à reconnaître à leur différente conformation : après le premier mélange de la pâte encore liquide , il s'est formé des gerçures comme on en voit à la faïence qui a été sur le feu, et peu à peu différens sucs, diversement colorés, ont rempli ces gerçures; ces sucs se sont nuancés par le voisinage de quelques minéraux que l'eau, en passant au travers, aura entraînés pour donner la couleur qu'elle aura déposée dans ces mêmes gerçures. Voilà en partie ce qui constitue la couleur des différens marbres. Il n'est pas rare de trouver, non loin des masses de marbre, des mines propres à donner la couleur au marbre qui les avoisine. Des différentes espèces de marbre qui ont été formées de cette manière, nous citerons le jaune antique, le jaune de Sienne , le serracolin , la brèche violette. D'autres ont été formés différemment, et on peut les regarder comme marbres de seconde formation. Ils se sont formés avec les débris de ces derniers, qui ont été réduits en morceaux par quelques volcans souterrains, et ensuite réunis avec une pâte qui leur sert presque toujours de fond ; de ce nombre sont les marbres de Sicile , les brèches grises, et autres espèces de ce genre, où l'on retrouve toutes sortes de fragmens de marbre différens réunis ensemble.

Nous parlerons des autres espèces en décrivant l'échantillon qui y a rapport; ce que nous venons de dire suffira pour donner une idée générale de la formation des marbres.

Nous connaissons deux sortes de marbre blanc : le statuaire, qui est entièrement blanc et sans veines; on l'emploie particulièrement dans la sculpture; c'est avec ce marbre que les anciens ont formé ces chefs-d'œuvre que tous les artistes admirent; en effet, cette belle matière se prête très-bien par sa texture à représenter ces belles figures qui n'attendent que le sang pour les animer. Le blanc veiné, dont nous donnons quatre variétés dans la planche n° 3, est celui que l'on emploie pour construire et revêtir les monumens, et, par conséquent, que nous devons chercher à imiter en peinture pour le remplacer en cas de besoin. C'est ici le moment de mettre le lecteur au courant de nos planches. Le numéro de chaque planche est dans le haut et entouré d'une ellipse. Nous indiquerons tous nos échantillons dans l'ordre tracé par le tableau ci-dessous, où nous avons placé le numéro de chaque échantillon pour le désigner par la suite : ainsi le lecteur sera averti que, lorsque l'on parlera du n° 1, c'est celui du haut à gauche, le n° 2 celui du haut à droite, le n° 3 celui du bas à gauche, et le n° 4 celui du bas à droite.

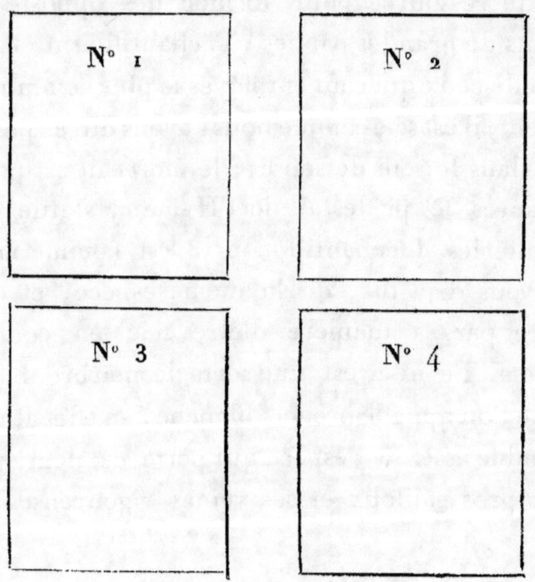

Les marbres reçoivent une dénomination selon la manière dont ils sont sciés : on les appelle sciés en passe, lorsqu'ils le sont dans le sens des veines , comme le n° 1 de notre planche 3 , et en contre - passe , lorsqu'ils sont sciés en travers des veines ou perpendiculairement à ces dernières, ce qui donne au morceau un aspect tout différent, et représente assez ordinairement les veines figurées comme à l'échantillon n° 3 ; de sorte que le même morceau peut offrir différens aspects , selon la manière dont il est scié , taillé ou posé. Aussi se sert-on de cette ressource pour former des oppositions dans de grandes parties : l'échantillon n° 1 est un de ceux qui sont employés le plus communément; il est scié comme nous l'avons dit, en passe, et dans le sens de son lit ; le morceau est peint d'après le piédestal de l'Hymen , statue des Tuileries. L'échantillon n° 3 est, comme nous l'avons déjà dit, de la même espèce, et diffère par sa manière d'être scié en contre-passe. Le n° 2 est une sorte de marbre blanc que l'on appelle brèche blanche ; en effet il ressemble assez à l'espèce qui porte ce nom, par ses gros cailloux et ses veines vigoureuses ; il

est peint d'après les marbres qui ornent la cha-
pelle de la vierge à Saint-Roch. Le n° 4 vient du
même lieu, et a été scié obliquement, suivant
une ligne qui passerait entre passe et contre-passe;
on la nomme accidentelle à cause de cette veine
vigoureuse qui passe sur le côté de l'échantillon
et qui provient, comme nous l'avons dit au chapitre précédent, du retrait que la pâte a fait en
se consolidant.

Lorsque vous avez préparé un beau fond blanc
à l'huile auquel on a donné la dernière couche
à l'essence bien pure, et qui doit être entièrement mat, vous chargez votre palette avec du
noir et du blanc; ensuite, avec le couteau vous
formez trois teintes, la première d'un gris très-
pâle, la seconde un peu plus foncée, et la troisième
beaucoup plus : ces trois teintes sont faciles à reconnaître sur nos échantillons; ainsi on aura
soin, si ce sont nos échantillons que l'on copie, ou
d'autres naturels, de rechercher les tons qui
existent dans l'un ou dans l'autre, afin de faire
les mêmes sur la palette. Ayant ainsi disposé vos
teintes, vous prenez trois brosses à filer, de
moyenne grosseur; vous les prenez un peu plus
fortes, lorsque votre travail est éloigné de la

vue, pour qu'il se trouve plus largement fait,
et se distingue mieux du point où il doit être vu.
Ensuite vous mettez de l'essence pure dans le
petit godet, qui doit être placé sur la palette,
vous y trempez votre plus forte brosse, et avec
modération, sans trop en laisser dedans, car elle
coulerait par la ligature et gâterait votre ouvrage; vous détrempez, avec l'essence que vous
avez dans votre brosse, un peu de la teinte pâle
en frottant et retournant votre brosse, afin de
bien mêler l'essence avec la couleur, et vous
faites glisser votre brosse sur votre ouvrage en
formant de grands et petits réseaux, comme on
le voit sur l'échantillon : pour plus de facilité,
vous prenez votre brosse tout au bout du manche et avec le bout des doigts, et, en la faisant
glisser légèrement, vous la tenez presque à plat
sur l'ouvrage, afin de faire avec le petit bord
des soies de la brosse de petites lignes fines, et
de temps à autre vous appuyez plus fortement
pour faire des parties plus grosses et plus larges,
ce que l'on appelle coups de force ; il faut faire
bien attention de donner à ces coups de force
une direction déterminée, comme vous devez le
remarquer sur nos échantillons : c'est ce qui

caractérise la variété de l'espèce. Ensuite avec la teinte un peu plus foncée, et une brosse plus petite, vous repassez sur vos coups de force, mais par touches légèrement suivies de manière à faire prononcer les masses sans cependant les rendre trop dures. Il vaut toujours mieux faire doux que trop dur, l'effet en est plus agréable à l'œil; d'ailleurs il n'appartient qu'à un artiste extrêmement exercé à faire des veines, de faire des ouvrages vigoureux; il faut que chaque coup de brosse porte sentence, ce qui se rencontre rarement. Avec la troisième teinte, vous faites les accidens comme il est indiqué sur le n° 4; il faut être extrêmement avare de cette teinte: un peu fait assez bien, mais trop est insoutenable. Le travail étant terminé vous laissez bien sécher, et ensuite vous détrempez avec de l'essence une partie de blanc de plomb, en y ajoutant une petite partie d'huile grasse blanche pour faire sécher et durcir; lorsque votre blanc de plomb est bien détrempé, vous donnez une couche, qu'on appelle glacis, sur tout votre ouvrage, en ayant soin d'employer une brosse bien douce: une queue de morue à vernir est bien convenable pour cette opération; vous aurez soin de lisser le plus possible dans le sens des veines, afin de ne point contrarier leur direction. On aura soin de ne pas trop frotter dans la crainte d'enlever le travail du veinage qui est fait à l'essence pure, et qui quelquefois est fort long à sécher complètement.

Tous les peintres sont d'accord pour procéder de cette manière à l'exécution du marbre blanc ; on a entièrement abandonné l'usage de le vernir, parce que le vernis, tel beau qu'il soit, lui retire toujours de sa fraîcheur, et le ton naturel que le glacis de blanc de plomb lui donne.

On trouve assez souvent des parties de marbre qui sont un peu nuancées de jaune. Si on voulait les imiter, il faudrait salir un peu la teinte avec une pointe de rouge et de jaune, ce qui donnerait aux veines un petit ton qui n'est pas toujours désagréable à voir ; mais d'habitude on ne choisit point ses modèles sur les parties défectueuses : on choisit toujours la belle nature, elle est plus agréable à voir, et c'est pour cela que nous ne nous occupons point à signaler dans nos espèces naturelles les défauts que l'on y rencontre assez souvent, d'autant

plus qu'il ne nous est pas plus difficile de peindre une belle partie qu'une laide.

Le marbre blanc à la colle se fait de la même
manière avec la différence que l'on emploie le
blanc et le noir broyé à l'eau, qu'on le détrempe à la colle chaude en place d'essence, et
que l'on ne le glace point; il est fait de suite,
de sorte que vous pouvez prendre une partie de
bois ou de plâtre cru, faire un fond léger à la
colle et le veiner; en deux heures de temps, au
plus, tout est fini.

CHAPITRE XXIV.

DE L'ALBATRE.

L'albâtre est une pierre de la même nature que le marbre, ou à peu près, elle est cependant moins dure ; l'albâtre proprement dit se distingue par sa finesse, l'arrangement de ses parties, la facilité avec laquelle il reçoit un beau poli. On trouve l'albâtre sous la forme de stalactites, affectant des figures de quilles, de culs-de-lampes, toujours plus grosses au sommet qu'en bas ; elles se forment aux voûtes et parois des grottes horizontales, quelquefois elles descendent jusques en bas de manière à former des colonnes informes ; témoins les fameuses grottes d'Antiparos et de Paros, décrites par *Tournefort*.

L'albâtre se forme par des sels lapidifiques,

entraînés par l'infiltration des eaux traversant les masses de terrains placées au-dessus des grottes, et qui, coulant par couches concentriques, produisent les enveloppes successives qui sont représentées dans le modèle, planche 4.

C'est ainsi que se forment les glaçons qui, dans les hivers rigoureux, se suspendent aux larmiers des toitures de nos maisons. Mais ces mêmes eaux saturées de sels pierreux entraînent aussi dans leur passage les parties métalliques qui viennent, par leurs diverses nuances, diaprer plus ou moins richement le blanc mat de l'albâtre. Dans la planche 4, le bloc qui est représenté est ouvert par son centre suivant la ligne A. B. Le bout A était attenant au plafond de la grotte, et le bout B suspendu en l'air en attendant qu'il eût coulé assez de suc pour le faire arriver au sol. Mais, soit que les conduits souterrains aient été obstrués, ou que le suc ait pris une autre direction, la masse en est restée en cet état. Nous avons dit que les différentes couleurs que l'on remarque dans notre échantillon étaient dues aux parties métalliques entraînées par les eaux. Pour s'en convaincre, il suffit de remarquer l'irrégularité avec laquelle elles se sont épanchées ; en séjour-

nant plus dans un endroit que dans l'autre, elles
ont donné plus ou moins de densité aux couleurs, elles ont même formé des arrêts apparem-
ment lorsque la matière devenait plus compacte,
et occasioné la formation de petites branches ,
ou mamelles, comme l'indique le n° 1.

Les couleurs ne sont pas toujours les mêmes,
et changent selon le voisinage des sels métalliques qui environnent les grottes où l'albâtre se
forme, et c'est pour cela qu'il en existe de beaucoup d'espèces différentes qui ont reçu différens
noms pour les distinguer. Les deux principales
divisions sont l'albâtre oriental et l'albâtre
occidental ; on donne le nom d'oriental à celui
qui a les plus belles couleurs et qui est d'une pâte
plus dure, et le nom d'occidental à celui qui
est moins coloré et d'un aspect moins agréable ;
ces deux grandes divisions se subdivisent encore
en une infinité d'espèces qui souvent portent le
nom du lieu d'où on les tire. Aussi dit-on albâtre des Pyrénées, albâtre du Malaca, albâtre
de Wurtemberg, albâtre de Montmartre, etc.

CHAPITRE XXV.

DES AGATES.

On a donné le nom d'agates à une pierre de la même nature que les pierres à briquet, elle en a tous les caractères chimiques ; mais elle en diffère par les jolies couleurs que l'on y remarque, par sa finesse et ses pommelures. *Wallerius* dit que les agates ont pris leur nom du fleuve Achates en *Sicile* ; en effet, on en a trouvé un nombre considérable qu'il roulait dans son lit. On rencontre presque toujours l'agate en morceaux ronds et roulés, isolés, détachés, dans les sables et dans les champs : on en rencontre aussi de figure indéterminée dans les pays de mines.

L'agate doit sa naissance à un suc particulier qui s'est formé au sein de la terre, très-probablement, dans l'origine, en pâte liquide, comme pres-

que toutes les pierres. De ces agates, les unes
ont été formées avec un suc qui est devenu presque aussitôt solide : de cette espèce est le n° 1 de
la pl. 5, ouvert en deux; le centre s'est d'abord
formé, ensuite a été roulé par les eaux, et, par
l'effet d'une attraction particulière, s'est grossi
des sucs qui lui étaient propres pour la formation de son tissu et des couleurs dont il se com-
pose, en même temps que la cristallisation du
centre s'est opérée ; car ce n'est que par l'effet
du plus ou moins de temps que la cristallisation a
plus ou moins de volume.

Le n° 3 de la planche 5, ouvert en quatre, est
de la nature de celles qui se sont formées d'une
pâte plus liquide, et qui ont enveloppé dans leur
formation plusieurs petites espèces d'agates déjà
formées, dont quelques-unes sont entrées en fu-
sion. On le remarque par les couleurs qui se sont
mal mélangées, qui ressemblent à l'effet que produit l'huile sur l'eau, et qui, lorsqu'on l'agite,
forme toutes sortes de dessins sans se mêler. Val-
mont de Bomare cite, à l'appui de nos démon-
strations sur cette pierre, des remarques qu'il a
faites d'année en année, lors de ses cours aux en-
virons de Chantilly.

L'agate, comme l'albâtre, se divise en orientale et occidentale; celle qui est nuancée des plus belles couleurs et qui est susceptible d'un poli plus vif, s'appelle orientale, et celle qui est moins belle, occidentale ou agate d'Allemagne. Ces deux grandes classes se subdivisent ensuite en un nombre infini de variétés, et qui toutes se rapportent aux exemples suivans : celles où on remarque des espèces de paysages sont appelées agates paysagées; celles qui représentent des espèces de plantes s'appellent herborisées, celles qui représentent comme des empreintes de mousse s'appellent agates mousseuses; celles où l'on croit apercevoir des figures, agates figurées, etc. Pline rapporte que Pyrrhus possédait une agate qui représentait naturellement Apollon et les Muses.

Dès l'antiquité, on a employé les agates à faire toutes sortes de bijoux, des poignées de sabres, des vases, des tabatières ; on en ornait les édifices, le palais de Néron était orné d'agates et de pierres précieuses. Nous avons vu des anciens tableaux, où les artistes avaient figuré des marbres et des agates sur des parties de monumens qu'ils représentaient.

De tout temps les agates ont été très-recherchées, et ont eu une certaine valeur. Il a fallu
qu'il en fût ainsi, puisqu'on avait trouvé le
moyen de les colorer et d'y former des figures
par des procédés chimiques, qui maintenant sont
faciles à reconnaître. La superstition a même
attribué à l'agate des vertus médicales, et qui
sont toutes imaginaires, pour ne pas dire dange-
reuses.

CHAPITRE XXVI.

DES ÉCHANTILLONS DE BOIS, ETC.

Le n° 1 de la planche 6 est une ronce de noyer;
ce bois croît en Europe, le plus beau nous vient
de l'Auvergne; il parvient à une grosseur assez
considérable, il n'est pas rare de voir ces arbres
offrir un diamètre de trois pieds; il y en a de
différentes nuances, qui toutes se rapportent à
notre échantillon et à celui qui a une teinte tirant sur le gris. Nous ne nous occuperons cependant que du nôtre, comme étant le plus
agréable à la vue par sa couleur et la disposition de ses veines. On peint ordinairement
cette ronce dans un panneau de porte de deux
pieds de hauteur sur dix-sept pouces de large
(c'est la proportion que nous avons donnée à
presque tous nos échantillons; *il est bien entendu que l'on se figurera avoir devant les yeux,*

7

*en copiant notre modèle , une planche de bois ou un morceau de marbre de deux pieds de haut sur dix sept pouces de large).*Nous aurons soin d'indiquer ceux qui n'auront point cette dimension. On fait les champs en même bois , mais veinés presque droits et bien vigoureux, de manière à les faire venir en avant, et renfoncer le panneau le plus possible ; les moulures se font de même, et quelquefois en bronze antique.

Si le panneau est d'une trop grande largeur, on peint deux ronces l'une à côté de l'autre, et en sens inverse, comme si le morceau était fendu sur son épaisseur ; dans ce cas, on emploie le moyen suivant :

Vous prenez un carton lisse et mince, sur lequel vous dessinez votre ronce , *surtout les principales masses*, ensuite vous découpez avec la pointe d'un canif, en posant le carton sur une planche, les parties saillantes que vous avez dessinées, *ce sont ordinairement les veines les plus foncées*, et vous vous en servez comme nous le dirons en son lieu ; mais avant il est nécessaire de donner deux ou trois couches de vernis gras sur les deux faces de votre carton, afin qu'il ne puisse plus s'imbiber par la couleur que l'on sera forcé de mettre dessus, ce qui le rendrait trop mou et incapable de remplir sa destination.

Pour peindre le noyer à l'huile vernie, vous aurez soin de préparer un beau fond, comme nous l'avons indiqué aux chapitres 15 et 16. Sa couleur doit être d'un ton café au lait, on obtient ce ton avec le blanc, le rouge, le jaune et le noir, ou simplement avec un peu de terre d'ombre dans le blanc; lorsque votre fond est bien sec, vous préparez, dans un camion ou seau en tôle, un glacis de la couleur du fond du noyer, et le plus exactement possible. Ce glacis ou teinte se fait avec le blanc, l'ocre de rut, la terre d'ombre, et un peu de terre de Sienne calcinée, ou de rouge. si la teinte est trop froide, car les couleurs n'ont pas toujours le même ton : vous êtes souvent obligé d'augmenter leur densité par des mélanges que le goût vous indique; il ne s'agit pas d'employer les couleurs telles que vous les achetez chez les marchands, elles peuvent être fausses ou falsifiées, inconvénient qu'il faut que le goût du peintre sache réparer. Dans tous les cas, le lecteur qui se trouvera embarrassé pourra à cet effet consulter notre planche n° 1 bis et le ton de nos échantillons. Lors-

que le glacis est préparé comme nous venons de
le dire, vous le détrempez avec un quart d'huile
grasse pour trois quarts d'essence ; il faut qu'il
soit détrempé assez liquide pour que le fond se
voie au travers, et que cela fasse transparence.
La brosse à main et la brosse d'un pouce vous ont
sans doute servi à détremper votre glacis, vous
les remettez toutes les deux entre les mains du
peintre d'impression qui doit glacer votre ouvrage ; pendant qu'il les nettoie, qu'il dispose
l'échelle, etc., vous préparez votre palette que
vous chargez ainsi : blanc de plomb, terre d'Italie,
naturelle, ocre de rut, terre de Sienne brûlée,
rouge de Prusse, terre d'ombre, bitume, et noir
de charbon ; vous garnissez le petit godet d'essence pure ; lorsque tout est ainsi disposé, faites
glacer un panneau par le peintre d'impression.
Il est bon de faire commencer dans un coin le
moins à la vue, afin d'avoir le temps de se faire la
main pour arriver aux parties les mieux exposées, c'est là surtout qu'il convient de montrer
tout son talent d'imitation. Aussitôt que le panneau est glacé, vous jugez si la teinte est assez
liquide, ce qui se reconnaît lorsque l'on aperçoit
le fond au travers, et que les soies de la brosse

laissent des petites lignes qui imitent un peu les pores du bois. Si la teinte est convenable , vous faites continuer votre glaceur de façon à ce qu'il n'ait jamais qu'un panneau à l'avance. Après vous être muni d'une brosse d'un pouce, une d'un demi-pouce, deux petites brosses fines à filer, et une queue de morue, *espèce de brosse plate qui est maintenant indispensable pour tous les genres de peinture* *.

Vous ébauchez dans la pâte, ce qui facilite à fondre les couleurs que vous employez ; vous commencez par tremper le bout de votre brosse d'un pouce dans le petit godet qui contient l'essence, vous le frottez sur la palette pour y détremper un peu de blanc que vous mélangez avec un peu de terre de Sienne brûlée; après être arrivé au ton des clairs que vous devez remarquer sur notre échantillon, vous les imitez en appuyant légèrement sur l'ouvrage, aux parties que vous voulez rendre claires , avec le bout de votre brosse, en tirant dans le sens des flammes que vous voulez imiter. Vous recommen-

---

* Nous donnerons une planche ou deux où nous montrerons la forme de toutes les brosses et pinceaux. Ainsi que de tous les outils en usage dans les différens genres de travaux.

cez ce travail jusqu'à ce que vous soyez parvenu
à bien rendre les dessous ou le fond de l'échantillon que vous copiez ; vous remarquez que ces
parties claires ne sont qu'à certains endroits, et
surtout aux approches du centre de la ronce.
Vous aurez encore soin de varier ces tons clairs
en mélangeant tantôt le blanc avec le rouge de
Prusse, ou avec la terre d'Italie, selon ce que vous
croirez devoir être plus rapproché de la nature ;
ensuite, avec la petite brosse d'un demi-pouce,
que vous avez frottée sur le bord de la terre
d'ombre pour en garnir le bout, vous imitez, de
la manière que nous venons d'indiquer avec la
teinte claire, les tons foncés qu'il est facile de
voir sur notre échantillon. Pour bien imiter la
partie plus foncée, sur la droite de notre échantillon, vous couchez votre brosse presque sur
l'ouvrage, en la posant un peu vigoureusement,
et ensuite la retirant légèrement en frottant un
peu ; de cette manière, vous parviendrez a former
les touches dont il est question. Le côté gauche
de l'échantillon s'ébauche de la même manière,
mais en faisant les frottis dans le sens des veines. La partie droite sur le bord de l'échantillon
s'ébauche avec un peu de noir et de blanc, pour
former un ton tirant sur le gris. Lorsque vous

avez suffisamment imité tout le travail et qu'il
ne reste plus qu'à mettre les teintes les plus brunes, vous adoucissez en passant légèrement sur
votre travail, la queue de morue, et toujours bien
légèrement de manière à ne pas mêler toutes les
teintes; vous passez ensuite à un autre panneau,
où vous faites le même travail, ainsi de suite, jusqu'à ce que le premier panneau ébauché soit bon
à veiner, ce qui se reconnaît lorsque la couleur
colle aux doigts en les posant légèrement dessus. Lorsque le premier panneau est en cet état,
vous faites arrêter votre glaceur jusquà ce que
vous ayez fait le travail que nous allons décrire.
Vous prenez une veinette, que vous trempez
dans l'essence, et vous détrempez sur la palette
un peu de terre d'ombre, mêlée d'un peu d'ocre
de rut; si toutefois votre teinte était trop foncée,
il faudrait détremper cette couleur très-liquide
et qu'il n'y en ait que fort peu dans la veinette,
ce que l'on règle en la frottant sur la palette, et en
frappant un peu avec le champ pour faire diviser
les soies, afin de faire les veines plus fines. Ensuite vous posez légèrement et avec assurance
votre veinette vers le milieu de votre ronce, et
vous formez le petit mouvement du milieu en

descendant jusques en bas; vous continuez de la même manière, jusqu'à ce que vous ayez parcouru toute la superficie du panneau.Le côté gauche se veine en montant, c'est-à-dire, en tirant la veinette dans la direction du haut de la ronce, et avec un peu moins de couleur dedans, car elle en laisse échapper davantage en la conduisant de cette dernière manière. Nous voilà bien prêts d'arriver à la fin de notre travail : examinons si nous n'avons rien oublié, et terminons en détrempant un peu de bitume avec notre plus petite brosse, et donnons avec hardiesse toutes les touches brunes qui sont sur notre échantillon. On laissera sécher et on vernira.Le mode d'exécuter que nous venons de donner n'est pas le seul en usage ; beaucoup de peintres en décor chargent leur palette d'une manière différente de celle que nous venons d'enseigner, ils y établissent leurs teintes toutes faites, et procèdent ainsi qu'il suit : ayant l'échantillon devant eux, ils commencent par chercher le ton le plus pâle qu'ils composent avec les différentes couleurs, comme nous l'avons dit; ensuite un autre ton plus foncé, puis un troisième, un quatrième, etc. Pour s'assurer si les tons sont vrais, ils approchent leurs teintes de l'échantillon qu'ils copient. Si le lecteur juge plus convenable de s'y prendre de cette dernière manière, il se servira des couleurs que nous avons indiquées pour faire des teintes, et fera de même pour le reste du travail. Nous détaillerons cette manière en décrivant les procédés pour peindre le bois de rose.

L'échantillon n° 2, planche 6, est un morceau de bois de rose : ce bois nous vient de la Chine, et est connu depuis très-long-temps ; c'est celui que l'on employait le plus souvent avec le palissandre pour former tous ces anciens meubles en marqueterie. On voit encore de ces belles boîtes d'horloge faites de cette manière et surchargées de dorures. Les amateurs y attachent encore une très-grande valeur.

Le bois de rose a un caractère particulier, les veines et les nœuds sont interrompus à chaque instant, au point que l'on croirait le même morceau fait de plusieurs rapportés.

Pour imiter le bois de rose, il faut préparer un fond de couleur de chair, et lorsqu'il est sec vous faites un léger glacis avec blanc de plomb, laque carminée et vermillon, que vous détrem-

pez avec un quart d'huile grasse et trois
quarts d'essence; vous remarquerez que le glacis
doit être détrempé très - liquide. Vous faites
glacer, et, ayant chargé votre palette avec blanc
de plomb, terre d'Italie naturelle, rouge de
Prusse ou brun rouge, laque carminée et un
peu de bitume, vous ébauchez, toujours dans
la pâte, en passant avec la brosse d'un pouce
un peu de terre d'Italie et de laque, avec lesquelles vous faites les frottis un peu jaunâtres
que vous remarquez dans l'échantillon ; ensuite, avec un peu de rouge de Prusse et de
laque, vous faites les parties plus rouges, en
ayant soin de donner la forme à vos nœuds.
Vous adoucissez avec la queue de morue, en la
faisant passer légèrement et à plusieurs reprises
du bas en haut de votre panneau pour donner
une direction aux veines ; ensuite vous laissez
prendre votre travail comme nous venons de le
dire au précédent échantillon , et vous revenez
avec la veinette et un peu de rouge de Prusse
mélangé des autres couleurs que vous avez sur
votre palette pour rompre sa couleur, qui serait trop dure et trop crue ; vous détrempez
bien liquide , et vous en laissez peu dans votre

veinette. Si votre teinte ne marquait pas assez sur votre ouvrage, vous la rendriez plus vigoureuse en y ajoutant un peu de rouge : surtout ne faites pas trop foncé ; que vos teintes paraissent à peine les unes sur les autres ; car, sans cette précaution, vous feriez trop dur, ce qu'il faut toujours éviter. Avec une petite brosse et un peu de bitume, que vous mélangez avec la dernière teinte que vous venez d'employer avec votre veinette, vous formez les petits nœuds et vous donnez les coups de force, ensuite vous passez derechef la queue de morue de la manière que nous l'avons déjà dit, et le morceau est terminé.

On emploie ce bois indistinctement soit pour panneaux ou pour champs ; il s'assortit très-bien avec le palissandre ; en faisant les champs de ce dernier, on peut faire les champs des panneaux qui seraient faits en bois jaune, et avec différentes loupes d'un ton clair ou foncé, en servant alternativement de panneaux ou de champs.

Vous pouvez facilement, pour faire le bois de rose, charger votre palette avec les teintes toutes faites. Nous allons bien détailler notre explication afin de n'y plus revenir, et qu'elle nous serve pour tous nos échantillons qui ne demanderont pas de détails particuliers.

Vous posez sur votre palette, et sur le côté opposé au petit godet, vos couleurs à la suite les unes des autres sans qu'elles se touchent, en commençant par le blanc et finissant par la couleur la plus foncée. Pour l'échantillon du bois de rose, vous placez le blanc en premier et du côté opposé au godet, ensuite votre terre d'Italie, le vermillon, la laque carminée, le rouge de Prusse, le brun rouge et le bitume. Ensuite, avec le couteau à palette, vous prenez un peu de terre d'Italie et un peu de laque que vous mélangez avec un peu de blanc en frottant sur la palette, le retournant et l'écrasant jusqu'à ce qu'il soit bien mêlé et que le tout ne fasse qu'un ton ; vous approchez votre teinte de l'échantillon, et vous vous assurez si vous êtes bien juste ; dans le cas contraire, vous augmentez de blanc, de laque ou de terre d'Italie, selon que vous le jugez convenable. Ayant établi cette teinte, vous la posez avec le couteau en seconde ligne sur votre palette, de manière à vous réserver le plus grand espace libre pour pouvoir à votre aise détremper vos teintes. Ensuite, vous passez à la deuxième teinte, que nous avons indiquée se faire avec le rouge de Prusse et la laque, que vous mélangez comme nous venons de le dire, et que vous placez à la suite de la première, après avoir également approché votre teinte de l'échantillon pour juger si elle est bien pareille. Si elle était trop foncée, vous savez déjà que vous devez y ajouter un peu de blanc. La troisième se fait avec un peu de cette dernière et une pointe de bitume.

Le lecteur doit s'apercevoir que ces trois teintes sont absolument semblables à celles que nous avons faites en premier avec nos brosses, sans les avoir préalablement préparées sur la palette; ainsi, en s'en servant comme nous l'avons indiqué, il arrivera aux mêmes résultats. Nous avons décrit ces deux manières comme étant toutes les deux en usage : tel peintre charge sa palette de la première, tel autre de la seconde; tous deux réussissent également. Cependant nous reconnaissons plus de génie et plus de savoir-faire à celui qui emploie notre première manière; il a beaucoup plus de latitude, et peut varier davantage ses tons; enfin sa pensée peut être toujours en travail, et il trouve dans ses couleurs naturelles des matériaux pour l'exécution de ses idées. On pourrait dire (pour se servir de l'expression à la mode) que cette manière est romantique et l'autre classique.

Bois d'Amboine. — Ce bois est originaire du Thibet; il en existe plusieurs variétés, et il parvient à une énorme grosseur. Le morceau que nous représentons, échantillon n° 3 de la planche 6, est une loupe d'amboine rouge; il réunit à lui seul une grande partie des caractères distinctifs de ce bois.

Vous préparez, pour peindre cette espèce à l'huile vernie, un fond couleur de chair, et après avoir chargé votre palette avec blanc de plomb, laque carminée, terre d'Italie naturelle, noir et bitume, vous glacez avec la laque carminée détrempée à l'huile grasse et à l'essence, et dans le glacis liquide vous formez les nuances qui sont indiquées dans notre échantillon; vous fondez sur la gauche, avec la brosse d'un pouce, un petit frottis de terre d'Italie et de blanc; vers le centre et à droite, pour imiter les ondulations, vous prenez un peu de laque épaisse au

bout de votre brosse, et vous les formez en la
dirigeant de côté et d'autre suivant la direction
des veines, et appuyant à certains endroits.
Pour former les petits nœuds contournés, vous
prenez un pinceau à chiqueter que vous garnissez avec le bitume et le noir, et vous faites
les petits points où vous le jugez convenable,
et, sans donner le temps à votre travail de sécher, vous faites des ronds avec une petite
brosse, en contournant deux ou trois ensemble
des petits points que vous avez faits avec le pinceau, sans avoir égard à ceux qui se trouvent
sur le passage de votre brosse, et qui en s'effa-
çant forment naturellement les veines qui entourent les nœuds. Vous passez légèrement la
queue de morue sur l'ouvrage pour adoucir et
fondre les couleurs, et vous laissez prendre,
comme nous l'avons déjà dit ; ensuite, avec une
brosse ou un pinceau à marbre que vous trempez dans l'essence pure, vous passez sur les différentes parties que vous voulez rendre brillantes et claires, et avec la queue de morue
vous frottez légèrement, toujours dans le même
sens, et vous apercevrez toutes les parties où
vous avez passé de l'essence avec votre pinceau

se dépouiller et devenir claires et brillantes ;
vous donnez, avec une petite brosse, des petites touches pour former les coups de force et
mettre à l'effet en détruisant la régularité de
votre travail si vous le jugez convenable. Pour
terminer votre ouvrage, vous passez les veines
foncées, composées de noir et de laque carminée, avec la veinette, comme il a déjà été dit
plus haut ; on laisse sécher afin de recevoir le
vernis.

Bois jaune. — Ce bois, connu des anciens sous
le nom de *citrus*, était, dit Pline, du genre du
cyprès ou du genévrier ; les plus beaux nous
venaient d'Afrique, sur le mont Atlas, et près
du temple de Jupiter Ammon ; le tronc y parvenait à une grosseur extraordinaire, très-ra-
meux et d'une belle couleur vive. Nous ignorons
si c'est le même que nous connaissons sous le
nom de bois jaune. L'échantillon que nous représentons sous le n° 4 de la planche 6 est copié
d'après nature.

Pour imiter ce bois, vous aurez premièrement
égard au noir de la gravure qui nous a empêché
de donner le ton convenable ; mais, en employant les couleurs que nous allons indiquer,

vous trouverez juste le ton de la nature. Sur un fond couleur de pierre à l'huile, vous glacez avec une teinte composée avec l'ocre jaune, le stil de grain détrempé avec huile grasse et essence; et, lorsque votre palette est chargée de stil de grain, ocre jaune et terre d'Italie, vous ébauchez, en formant les nuances, les dépouillés à l'essence et les veines, comme nous l'avons indiqué à notre échantillon de bois d'Amboine.

Le bois jaune s'emploie sur toutes les parties du bâtiment; il se lie avec le bois d'amarante, de cédre, de rose, d'amboine, de palissandre, d'acajou, etc. On fait les panneaux en bois jaune, les champs et moulures de ceux précédens. Les petits filets en amarante font très-bien sur les panneaux jaunes.

Bois de buis. — Ce bois, connu depuis des siècles, était en usage chez les Romains; du temps d'Apelle on en fit des tablettes que l'on enduisait de cire; on s'en servait pour le dessin et l'écriture. De nos jours on en fait toutes sortes de jolis ouvrages. Le morceau représenté planche 7, n° 1, est une loupe qui contient à peu près toutes les variétés que l'on rencontre dans ce bois.

Pour imiter notre échantillon, vous chargez votre palette avec blanc de plomb, jaune minéral, jaune de Naples, ocre jaune, terre d'Italie, terre d'ombre et noir, et, sur un beau fond blanc à l'huile ou couleur de pierre bien sec, vous faites des frottis avec la brosse d'un pouce que vous avez trempée dans le godet rempli d'huile grasse et d'essence, en prenant avec le bout de la brosse un peu de jaune minéral, du jaune de Naples et du blanc que vous mélangez en frottant sur votre palette, et que vous essuyez ensuite sur votre ouvrage, en appuyant fortement pour écarter les soies de la brosse, et frottant de côté et d'autre pour former sur le fond comme des nuages de poussière; vous faites, sur les endroits que vous jugez convenables, avec l'ocre jaune, des frottis de la même manière pour faire les parties plus foncées; ensuite vous prenez une veinette que vous avez garnie avec un peu de terre d'ombre et de terre d'Italie, et vous la frottez sur votre palette avec un peu d'essence; vous frappez fortement sur votre travail avec le bout de la veinette, de manière à diviser ses soies, et en glissant légèrement pour former les parties noueuses que vous

voulez imiter sur votre sujet, et, avec le pinceau à chiqueter, le bitume et le noir, vous
faites quelques petits points que vous contournez ensuite avec une petite brosse ; vous adoucissez avec la queue de morue et passez les
veines avec la veinette, avec laquelle vous avez
détrempé un peu de bitume, de noir et de terre
d'Italie ; surtout avoir soin que le travail en
général ne soit que peu chargé de couleur, pour
que le tout soit bien transparent et ne forme
point d'épaisseur ; que ce soit plutôt une teinture qu'une peinture. A cet effet vous détrempez avec vos brosses la couleur bien liquide, en
ayant soin d'en prendre très-peu à la fois pour
l'employer presqu'à sec ; autrement on ferait
un mauvais gâchis et l'on exécuterait difficile-
ment, car la couleur coulerait sur le sujet, et
l'on n'en serait plus le maître.

Bois d'acajou. — Ce bois, qui nous vient
des îles, est devenu d'un usage général, et
contient plusieurs variétés ; selon l'aspect de
ses veines, il est ronceux, il est moiré, moucheté, il est flambé, etc. Celui que nous représentons sous le n° 2 de la planche 7 est une
ronce, d'après *Bignon*, faite par le procédé

à la bière *, et qui décore l'extérieur du café Lorres, à Paris.

Pour imiter ce bois à l'huile, vous préparez un beau fond de mine orange, bien mat et bien sec, et, avec la terre de Sienne calcinée, un peu de vermillon et de laque carminée, vous faites les nuances indiquées sur notre échantillon, en procédant de la même manière qu'à notre ronce de noyer.

Bois d'amarante. — Il nous vient également des îles, et est mis en usage depuis bien des années. Sa couleur presque uniforme le fait employer comme ornement avec des bois d'une couleur jaune ou tirant sur le blanc.

Le morceau que nous représentons sous le n° 3 de la planche 7, est copié d'après nature. Pour peindre ce bois à l'huile, on fait le travail comme nous l'avons indiqué à notre morceau de bois de *rose*. Sur un fond amarante clair : vous employez à cet effet le blanc de plomb, le rouge de Prusse ; et pour votre travail vous employez la laque carminée et le brun Vandick.

Bois de hêtre. — Ce bois d'Europe est em-

---

* Nous donnerons bientôt la manière de faire les bois et les marbres par ce moyen, mis en usage depuis quelque temps.

ployé en menuiserie, il est d'un bel effet; imité
en peinture on peut en tirer un parti avantageux dans la décoration. Le morceau que nous
représentons, sous le n° 4 de la planche 7, est
une ronce d'après nature. Ce bois se fait sur un
fond blanc, et le travail se fait avec blanc de
plomb, ocre de rut, terre d'ombre, rouge de
Prusse, et par les mêmes procédés que nous
avons indiqués au bois de rose.

Bois d'Ayart (ou *satiné gris*). — Le n° 1 de la
planche 8 est un morceau de ce bois, qui croît
dans les Alpes; il est peint d'après nature. Ce
bois est souvent imité en peinture, sans doute à
cause de sa nuance, que l'on varie au gré des
personnes. On peint les panneaux et les champs
de ce bois avec les moulures en blanc, pour
imiter l'ivoire. Ce bois se fait sur un beau fond
blanc mat à l'huile. Vous glacez avec une teinte
composée avec blanc de plomb, noir de charbon, du bitume on met en place de ce dernier quelquefois un peu de laque ou de bleu
pour donner un ton frais. Votre palette doit
être chargée des mêmes couleurs que vous
avez employées pour faire votre glacis, et
vous procédez au travail comme pour le bois de

rosc. Les spaltés qui sont sur les deux côtés de notre échantillon se font avec la brosse d'un pouce, en la tirant horizontalement de côté et d'autre, et en fondant les nuances le plus possible.

Bois de sapin. — Ce bois, cité par les anciens, fut à la mode en peinture il y a quinze ou seize ans ; les plus beaux nous viennent du nord. On imite ce bois sur un fond couleur de pierre bien pâle et bien mat. Après avoir chargé votre palette avec blanc de plomb, ocre jaune, noir de charbon, vermillon et bitume, vous faites vos veines avec des brosses à filer de moyenne grosseur ; vous adoucissez avec la queue de morue. On ne fait point de glacis pour peindre ce bois, attendu que les veines se font mieux sur le fond sec. Si l'on copie notre modèle, on évitera le ton noir de la gravure que nous n'avons pu éviter avec ce genre de peinture.

Bois de frène. — Ce bois de France est très-employé en ébénisterie. L'échantillon que nous donnons, sous le n° 3 de la planche 8, est une loupe qui réunit à peu près toutes les variétés de cette espèce ; il y en a d'une très-grande dimension et d'une variété infinie. On imite ce

bois sur un fond couleur de pierre, et avec le
blanc de plomb, le stil de grain, la terre d'Italie naturelle, un peu de terre d'ombre, vous
peindrez de la manière décrite à notre échantillon de bois d'Amboine ; vous éviterez aussi de
reproduire le noir de la gravure.

Bois de peuplier. — Cet arbre, qui se distingue par sa stature élevée, affecte la forme d'un
obélisque, ce qui lui donne un air d'élégance,
de fierté et d'indépendance ; aussi, parmi les
peuples modernes, a-t-il été choisi comme le
symbole de la liberté. La fable nous apprend
que les Héliades, sœurs de Phaéton, ont été
métamorphosées en peupliers. L'échantillon que
nous représentons, sous le n° 4 de la planche 8,
est une ronce d'après nature. Pour imiter le
peuplier, sur un fond blanc mat à l'huile, vous
glacerez avec un glacis très-liquide, composé
de blanc de plomb, terre de Cassel, terre d'Italie naturelle et vermillon ; vous ébaucherez avec
les mêmes couleurs, et vous veinerez à la manière accoutumée.

Bois d'érable. — Il en existe en Europe et en
Amérique ; le plus coloré est de cette dernière
partie du monde ; ils sont l'un et l'autre très-

variés dans leurs veines. Ce bois était connu des anciens. On rapporte qu'avant le règne de Numa on avait, à coups de serpe, taillé dans un érable la statue de Vertumne. Nous ignorons les raisons qui ont fait choisir ce bois de préférence pour faire la statue du dieu des jardins, de ce dieu qui présidait à tant de choses, comme aux pensées humaines, aux changemens, etc., et pouvait à volonté prendre toutes sortes de figures. Peut-être la variété des veines de l'érable lui a-t-elle seule valu l'honneur de représenter ce dieu éminemment versatile. Le morceau que nous représentons, sous le n° 1 de la planche 9, est une loupe d'érable de France.

Le bois d'érable se peint sur un fond couleur de pierre pâle, avec ocre de rut, terre de Cassel, rouge et blanc; vous faites un glacis, et le travail comme il a été indiqué au bois d'Amboine.

Bois de corail. — Ce bois, qui nous vient des îles, parvient à une belle dimension; il est remarquable par sa belle couleur; se peint sur fond brun; on glace avec vermillon et laque, et l'on veine avec le noir et le brun Vandick; on se sert à cet effet de brosses à filer. L'échan-

tillon que nous représentons sous le n° 2 de la
planche 9 est peint d'après nature.

Bois de sycomore.—Planche 9, n° 3. Cet échantillon est une loupe d'après nature. On peint ce
bois sur un fond couleur de chair; vous faites
un glacis, et vous employez pour couleurs blanc
de plomb, rouge de Prusse, terre d'Italie et
terre d'ombre; le travail se fait comme au bois
d'Amboine.

Bois d'érable d'Amérique, moucheté. — Le
n° 4, planche 9, est un morceau de ce bois; il
se peint avec blanc de plomb, vermillon, ocre
jaune et terre d'ombre.

Marbre jaune de Sienne. — Le n° 2 de la planche 10 est un échantillon de choix. Ce marbre,
dont il n'est point parlé dans les auteurs anciens, est cependant assez connu; c'est un des
plus beaux de ceux que l'on imite en peinture,
et il est employé avec le plus de profusion.

Vous peignez ce marbre sur un fond couleur
de pierre à l'huile, après avoir chargé votre
palette avec blanc de plomb, ocre jaune, jaune
minéral, jaune de chrôme, terre d'Italie naturelle, terre de Sienne brûlée, rouge de Prusse,
vermillon, terre d'ombre, noir de charbon et un

peu de bleu minéral ; vous remplissez le godet d'huile grasse et d'essence, et, avec de fortes brosses d'un pouce, vous faites des frottis en prenant tantôt une couleur que vous mélangez avec une autre pour former les différens tons qui composent le fond du marbre ; ensuite, avec une brosse plus petite, vous formez les veines de couleurs terre cuite, grise et verdâtre, selon la masse que vous voulez former ; vous adoucissez avec la queue de morue, et vous laissez sécher ; lorsque tout est bien sec, vous faites des seconds frottis sur votre ouvrage et dans la pâte avec jaune minéral, jaune de chrôme, stil de grain, blanc et rouge, que vous employez. Avec des petites brosses à filer ou des pinceaux à marbre, vous faites les veines foncées brunes avec rouge de Prusse et bitume, et avec noir de charbon sur les parties verdâtres ; vous en repassez de plusieurs nuances les unes à côtés des autres selon que vous voulez former des cailloux. Pour terminer vous passez quelques masses de veines avec la terre d'Italie naturelle, en fondant dans divers endroits.

MARBRE VERT DE MER. — (*Voyez* échantillon n° 1 de la planche 10.) Ce marbre, connu des anciens, se distingue par ses belles nuances, l'arrangement et l'élégance de ses veines ; aussi l'emploie-t-on fort souvent : on le peint sur différentes parties du bâtiment, et particulièrement sur des frises et des soubassemens au pourtour des salles à manger, des escaliers, etc. Ce marbre se peint sur un fond noir bien sec avec le blanc de plomb, le jaune de Naples, la terre de Sienne calcinée, l'ocre jaune et le bleu minéral. Vous chiquetez votre ouvrage avec une teinte verte composée de bleu et d'ocre jaune, en laissant çà et là quelques parties pour former des cailloux noirs ; ensuite vous donnez un second chiquetage sur le premier avec un vert plus pâle dans lequel vous avez ajouté le blanc et le jaune de Naples ; cette teinte doit être employée avec discernement, de manière à indiquer déjà les masses de veines ; ensuite, avec une petite brosse ou un pinceau à marbre, vous passez vos premières veines d'un vert plus clair ; ensuite, avec un vert encore plus clair, vous passez d'autres veines un peu moins largement, car les premières doivent être touchées d'une manière large et hardie ; vous laissez sécher, et, lorsque le tout est bien sec, vous glacez diffé-

rentes parties avec stil de grain, et d'autres
parties avec un peu de bleu, de manière à mul-
tiplier les nuances et à ôter l'uniformité de
l'ouvrage, et, pour terminer, vous mettez vos
veines blanches : c'est ce qu'il y a de plus difficile, car il faut leur donner de l'élégance, de
la vigueur, et de la variété dans le dessin, et,
autant que possible, approcher de notre modèle, qui réunit à lui seul une grande variété
de veines.

MARBRE MALPLAQUET. — (Échantillon n° 3 de
la planche 10.) Ce marbre de France est beaucoup employé à Paris ; il décore une partie des
soubassemens de la galerie du Louvre. On peint
ce marbre sur un fond couleur gris ardoise et
du ton des veines ; ensuite avec la brosse d'un
pouce, du vermillon, de l'ocre jaune et du
blanc, vous faites le fond comme il est indiqué
sur notre échantillon, en variant les masses de
veines tantôt fortes et tantôt faibles, bien den-
telées et détachées les unes des autres ; ensuite,
avec un gris plus pâle, vous touchez le milieu
de vos veines grises à divers endroits sans régularité, et vous contournez vos premières veines
avec un peu de noir ou un gris foncé, et en af-

fectant d'en mettre presque toujours d'un seul côté de la masse; pour terminer, vous passez quelques petits filets blancs cassés.

Marbre vert-vert (ou *Campan-Isabelle*). — L'échantillon n° 4, planche 7, est de cette espèce. Ce marbre, connu anciennement, se trouve dans la vallée de Campan, dans les Pyrénées; il est beaucoup employé dans le décor et sur toutes les parties du bâtiment. Il se peint sur un fond blanc légèrement teinté de vert, et avec le blanc de plomb, le jaune de Naples ou de chrôme, le rouge de Prusse, le bleu minéral et l'ocre jaune, vous faites des frottis vert clair et rose, comme vous le remarquez sur notre échantillon; ensuite, avec la petite brosse à filer, vous faites vos petits réseaux en formant des masses plus claires et plus foncées; vous adoucissez avec la queue de morue, et laissez sécher; ensuite vous passez vos veines blanches, que vous bordez à quelques endroits avec un peu de vert.

Bois d'ayard rouge moiré. — Presque tous les bois offrent ce caractère moiré, que l'on doit imiter lorsque l'on a des ornemens à peindre dessus. L'échantillon n° 1 de la planche 11 est de ce caractère. Il se peint sur un fond couleur de chair foncé ; vous glacez avec la terre de Sienne brûlée et un peu de terre d'Italie ; et, avec les mêmes couleurs plus épaisses et la brosse d'un pouce, vous imitez le moiré ; vous adoucissez en travers avec la queue de morue ; vous laissez prendre et passez , pour terminer, quelques veines droites avec la veinette.

Bois de cèdre. — Ce bois, bien connu des anciens, a servi à faire les lambris du temple de Salomon. Les plus beaux croissent sur le mont Liban. L'échantillon n° 2 de la planche 11 est un morceau noueux de ce bois. On le peint avec laque carminée , terre d'Italie , vermillon et noir de charbon. Vous faites un glacis ; vous ébauchez et veinez comme au bois de rose.

Bois violet. — (*Voyez* l'échantillon n° 3 de la planche 11.) Ce bois, d'une jolie couleur, se fait avec un glacis composé de laque carminée et bleu de Prusse sur un fond lilas ; on fait le travail à la manière du bois de rose ; à cet effet, on emploie la laque carminée, le bleu et le noir de charbon pour veiner.

Bois d'orme. — l'échantillon n° 4 de la planche 11 est une loupe de ce bois; il y en a d'une

très-grande dimension et très-variées en veines ;
il est extrêmement commun en France. On
peint ce bois à la manière de la loupe d'Amboine, que nous avons décrite page 110, sur un
fond couleur de pierre, avec blanc de plomb,
rouge de Prusse, terre d'Italie naturelle et terre
d'ombre.

MARBRE BLEU DE TURQUIN. — Ce marbre, connu
des anciens, a plusieurs variétés. L'échantillon
que nous représentons sous le n° 1 de la planche 12 est un morceau des plus agréables ; ce
marbre n'est pas difficile à imiter : on fait des
frottis avec le blanc de plomb, le bleu de Prusse
et le noir ; on veine avec des teintes plus foncées, et même avec le noir seul ; on termine en
passant les veines blanches dans le même sens
des précédentes ; il a beaucoup de rapports avec
le marbre blanc veiné, aussi toutes ses variétés
lui sont communes.

MARBRE GRIOTTE D'ITALIE. — (*Voyez* le n° 2 de
la planche 12.) Ce beau marbre nous vient du
Languedoc. Sur un fond brun clair vous glacez
avec le brun Vandick, et vous faites les veines
avec noir de charbon, en formant des petits réseaux, et par masses plus foncées l'une que

l'autre ; ensuite vous formez les cailloux avec le vermillon ; vous laissez sécher et vous passez les filets blancs et gris mêlés d'un peu de terre de Sienne.

Marbre Languedoc. — Le n° 3 de la planche 12 est de cette nature. On trouve ce superbe marbre à Allais dans le département du Gard. Les colonnes de l'arc de triomphe du Carrousel, à Paris, sont de cette espèce. Pour imiter ce marbre vous préparez, comme pour le Malplaquet, un fond gris, et vous procédez à son exécution de la même manière, en vous servant seulement de couleurs différentes : le blanc de plomb, le rouge de Prusse, le vermillon et le noir, toutes les couleurs composant celle de ce marbre.

Marbre Sainte-Anne. (*Voyez* n° 4, planche 12.) Ce marbre, de Flandre, est très-commun. Pour l'imiter vous faites des frottis sur un fond gris foncé, avec noir, blanc et un peu de rouge et de jaune ; pour salir le ton vous chiquetez une teinte grise plus pâle, et, avec le pinceau à marbre ou la petite brosse, vous veinez par touches détachées et sans suite.

Marbre port-or. — (N° 1, planche 13.) Ce

marbre vient de Porto-Vénère près de Toulon ;
il était également connu des anciens. On l'emploie beaucoup à Paris : on en orne les frises
des magasins ; les pilastres de l'entrée du passage des Panoramas sur les boulevarts sont de
ce beau marbre. Pour l'imiter vous faites un
beau fond noir ; vous chargez votre palette avec
rouge de Prusse, blanc de plomb, terre d'Italie
naturelle, céruse calcinée, ocre jaune et bitume,
et, avec le pinceau à marbre ou la petite brosse,
vous faites vos veines, que vous nuancez tantôt
avec l'ocre jaune et le rouge, avec la céruse
calcinée, avec le rouge et le blanc, l'ocre jaune
seul, selon que vous le remarquez sur l'échantillon ; ensuite, avec une teinte composée de
noir, blanc, rouge et bitume, vous passez quelques frottis en forme de veines larges, et qui
marquent à peine sur le fond noir et suivent à
peu près les masses de veines jaunes que vous
avez faites ; vous passez quelques veines en filets
cassés avec le blanc de plomb, et vous laissez
sécher avant d'appliquer le vernis.

MARBRE BRÈCHE DE SICILE. — L'échantillon
n° 2 de la planche 13 est copié d'après les morceaux qui décorent le derrière du maître-autel

9

de l'église Saint-Roch à Paris. Ce marbre est assez rare et d'un bel effet. Vous peindrez ce marbre sur un fond blanc ; votre palette chargée de blanc, de jaune de Naples, de brun Vandick, de vermillon et de noir. Vous imiterez au premier coup le travail qui est sur notre échantillon, en ménageant autant que possible les zones blanches qui entourent les gros cailloux rouges, bruns, etc.

Marbre Cerfontaine. — L'échantillon nº 3, planche 13, est copié d'après les pilastres qui décorent la galerie Choiseul. Il se fait sur un fond couleur café au lait ; la palette chargée de blanc de plomb, ocre jaune, rouge de Prusse et noir, vous faites des frottis de différentes nuances et toujours de la couleur du fond de notre échantillon ; ensuite vous faites les veines grises et les parties contournées de noir ; vous adoucissez avec la queue de morue, vous laissez sécher, et passez vos veines blanches.

Marbre vert Campan. — Ce marbre a plusieurs variétés, et se trouve dans la vallée de Campan, près des Pyrénées. L'échantillon nº 4 de la planche 13 est le campan proprement dit ; il réunit à lui seul toutes les variétés. On l'imite sur un fond vert clair ; on ébauche par zones brunes et vertes nuancées ; on forme les veines en réseaux avec le vert foncé ; on adoucit et on laisse sécher avant de mettre les veines blanches nuancées de vert qui doivent être fouettées hardiment.

ALBATRE JAUNE. — (*Voyez* n° 1, pl. 14.) Cette espèce assez rare était cependant connue des anciens. Elle se peint sur un fond blanc ; on fait des frottis légers dans le ton le plus pâle de notre modèle et avec les brosses moyennes à filer, on en forme des zones l'une à côté de l'autre, en laissant un petit intervalle et en observant de faire des parties plus claires et plus foncées comme on le remarque dans notre échantillon. On emploie pour couleur le jaune de chrôme, le blanc de plomb, la terre d'Italie, le vermillon et la terre d'ombre.

ALBATRE MONTMARTRE. — (*Voyez* échantillon n° 2 de la planche 14.) Il est ainsi nommé parce qu'il se trouve dans les carrières de Montmartre près Paris. Il se peint de la même manière et avec les mêmes couleurs que le précédent.

ALBATRE RUBANNÉ. — (*Voyez* le n° 9 de la planche 14.) Il se peint encore de la même manière et avec les mêmes couleurs, en y ajoutant la laque et le noir qui font presque la base de la couleur.

ALBATRE ORIENTAL. — (Nº 4, planche 14.) Cette espèce d'albâtre est la plus riche en couleur. Il se fait par les procédés décrits au nº 1, pl. 14, mais il faut avoir soin en ébauchant de réserver les zones de blanc et quelques petits et gros cailloux, comme on le remarque sur l'échantillon. Les trois couleurs élémentaires, avec le noir et le blanc dans toutes leurs nuances et combinaisons, entrent dans la composition de la couleur de cet albâtre.

BOIS D'ANGICA. — Ce bois, nouvellement connu, qui nous vient des îles, figurait pour la première fois en œuvre à l'exposition de l'industrie en 1834. (*Voyez* nº 1 de la planche 15.) Pour imiter ce bois vous procédez à la manière de l'acajou : sur un fond citron vous glacerez avec terre de Sienne calcinée, et veinerez avec brun rouge; les spaltés * se font avec la petite brosse et en travers.

BOIS D'ACACIA. — (*Voyez* pl. 15, nº 2.) Ce bois,

---

* Espèce de nuance qui traverse les veines du bois.

dont l'arbre est symbolique chez les francs-ma-
çons, est depuis quelques années naturalisé en
France. Il se peint avec glacis sur fond blanc :
les couleurs sont l'ocre jaune, la terre d'Italie,
le jaune de chrôme et la terre d'ombre.

Bois de frêne. — (N° 3, pl. 15.) Ce bois,
dont nous avons déjà décrit une loupe, est un
morceau de la même nature, mais simplement
avec veines et nœuds ordinaires. Il se peint à la
manière du précédent, avec les mêmes couleurs,
en y ajoutant le rouge de Prusse.

Bois de Grisard. — (N° 4, pl. 15.) C'est une
espèce de bois dont on fait d'assez jolis ouvrages,
et d'une couleur agréable ; ses veines sont variées ; il est moiré, ronceux et flambé. On le
peint avec la terre d'Italie, l'ocre de rut, le
vermillon et le bitume, sur un glacis, par les
procédés connus.

Décor de Pompéï. — (Planche 16.) Il a été
découvert, il y a quelques années, dans l'Italie,
deux villes englouties sous les laves du Vésuve :
par des fouilles exécutées à différens endroits,
et des recherches particulières, on a pour ainsi
dire exhumé ces deux villes, mis au jour leurs
monumens publics ou particuliers, et, ce qu'il

y a de plus important pour notre ouvrage, ce
sont les décorations intérieures et extérieures
que l'on y découvre, et qui nous ont donné une
juste idée du degré de perfection que les arts
avaient acquis à cette époque. Si le lecteur était
curieux de connaître en détail les décorations
que l'on y a découvertes, il pourrait consulter
le *Recueil de Décorations de Pompéï*, publié par
M. Bance, marchand d'estampes, rue Saint-
Denis, n. 271. Le modèle que nous offrons est
pour donner un aperçu du genre que l'on avait
adopté à cette époque, et pour servir à nos lecteurs à composer et exécuter les peintures à la
mode. Il nous semble que, d'après notre modèle, on peut se rendre compte du caractère de
ce genre de décorations : on y rencontre beaucoup de petits ornemens légers sur des fonds
variés de diverses couleurs.

Bois de palixandre. — (n° 1, planche 17.) Ce
bois, connu et employé dans le commencement
du 17ᵉ siècle, nous était apporté de l'Inde par
les Portugais ; on en fit des meubles de toutes
sortes : on en voit encore beaucoup aujourd'hui
avec des ornemens en cuivre ; ils ont été très-
recherchés il y a quelque temps par les Anglais.

Aujourd'hui il est encore revenu à la mode ; on l'emploie presque partout, et par conséquent la peinture le propage d'une manière extraordinaire. On peint ce bois comme l'acajou, avec la différence que pour couleur on emploie la laque carminée, un peu de terre de Sienne calcinée et le noir de charbon ; le reste se fait de même, en observant toutefois que les veines de ce bois sont souvent interrompues, et que dans la même planche on dirait qu'il y en a plusieurs de rapportées l'une à côté de l'autre.

Bois de chêne. — Le n° 2, planche 17, est un morceau de ce bois maillé. Le chêne se fait sur un fond couleur de pierre : vous glacez avec ocre jaune, ocre de rut, terre d'ombre mélangés en différentes proportions pour arriver à la couleur de notre échantillon ; et, avec de l'essence pure et un pinceau à marbre ou une petite brosse, vous dessinez les mailles sur votre travail. De suite vous passez la queue de morue pour les dépouiller, et, lorsqu'il est convenablement sec, ce qui se reconnaît lorsqu'il colle aux doigts quand on les appuie légèrement dessus, avec la veinette vous passez les veines droites, car le bois qui est maillé est toujours veiné droit.

Bois de chêne. — Le n° 3, planche 17, est de la même espèce que le précédent, avec les mailles foncées au lieu d'être claires, ce qui dépend de la manière dont le morceau est exposé à la lumière : le même peut être successivement clair ou foncé, selon qu'on le tourne ou non du côté du jour.

Bois de chêne. — Le n° 4, planche 17, est encore un morceau de la même nature; il est avec des nœuds, et ses veines ont une direction circulaire. On le peint par les mêmes procédés. Nous avons donné ces trois variétés comme étant communes à presque tous les bois, et pour aider à varier la décoration qu'on aura à exécuter.

Marbre Caroline. — Le n° 1, planche 19, est un marbre nouvellement connu, il ressemble à l'albâtre. La composition de sa couleur est la terre d'ombre, le rouge et le noir.

Marbre lapis lazuli. — (N° 2, planche 19.) C'est de ce marbre, ou plutôt de cette pierre précieuse, que l'on extrait l'outremer, l'azur, l'émail, etc.; il était connu très-anciennement. On en fait maintenant de grandes tables, des chambranles de cheminées, des vases, etc. On imite cette espèce sur un fond blanc et avec le bleu minéral ; on forme les nuances que l'on remarque sur notre échantillon, et lorsque le travail est sec ; vous passez les veines avec l'or en coquille.

Marbre jaune antique.— (N° 3, planche 19.) Cité par les anciens sous le nom de marbre de Macédoine. Adrien en avait employé en grande quantité dans sa *villa*, d'où l'on en a beaucoup retiré. Ce marbre est extrêmement rare et offre beaucoup de variétés : il y en a de roses, de jaunes, de couleur de chair, etc., presque toujours veiné dans le genre de notre échantillon. On peint ce marbre de la même manière que le jaune de Sienne et avec les mêmes couleurs ; seulement les nuances sont beaucoup plus pâles.

Marbre Napoléon. — (N° 4, planche 19.) Ce marbre orne plusieurs parties des soubassemens de l'intérieur de la Bourse à Paris. On peint ce marbre avec terre d'ombre, ocre de rut, blanc de plomb, rouge et noir.

Marbre rance.— (N° 1, planche 20.) Ce marbre de Flandre est assez connu. Le fût des colonnes du grand escalier du Musée, à Paris, est de cette espèce. On peint ce marbre de la même manière que le cerfontaine, qui n'est qu'une variété de cette espèce. Cependant les couleurs doivent être bien plus foncées, comme on peut le remarquer sur notre échantillon.

MARBRE VERT ANTIQUE.—(N° 2, pl. 20). Connu des anciens, sous le nom de thessalonique, est un des plus beaux que l'on connaisse. Le Musée de Paris en possède plusieurs colonnes d'une très-grande dimension. On peint ce marbre sur un fond vert d'eau ; on chiquète avec un vert composé de jaune minéral et bleu de Prusse ; ensuite avec un vert plus foncé, et successivement de plus foncé en plus foncé, en y ajoutant du noir, on fait les cailloux que l'on remarque sur notre échantillon. On termine en plaçant quelques cailloux blancs et rarement de roses.

MARBRE BROCATELLE D'ESPAGNE. — N° 3, planche 20, est employé aux soubassemens de la galerie du Musée à Paris. On peint ce marbre sur un fond jaune clair ; on chiquète avec une teinte plus foncée, ensuite avec une teinte de brun rouge, puis avec un peu de blanc de plomb détrempé très-liquide, et pour terminer vous faites vos petits cailloux tortillés avec brun Wandick. On aura soin toutefois de rompre les tons, c'est-à-dire d'employer le jaune de Naples, qui sert pour le premier chiquetage, avec un peu de blanc ; ensuite y mélanger de l'ocre jaune, etc.

MARBRE HENRIETTE. — (N° 4, planche 20.) C'est un nouveau marbre ; on l'imite avec la terre d'ombre, le noir, le blanc, le rouge de Prusse et l'ocre de rut.

MARBRE FELD-SPATH. — (N° 1, planche 21.) Cette pierre est une espèce de quartz. Il en existe de diverses couleurs.

MABRE SERRANCOLIN. — (N° 2, planche 21.) On tire ce marbre des Pyrénées ; il a été employé au Musée et à la Bourse de Paris ; c'est sans contredit le marbre où le peintre peut déployer son génie, tant par la variété de ses tons que pour la beauté de ses veines multipliées à l'infini. Pour imiter ce marbre, on prépare un fond couleur de pierre, et, avec la palette chargée de toutes les couleurs excepté le bleu, on procède à la manière du jaune de Sienne.

MARBRE NATROLITE. — N° 3, planche 21, se fait sur un fond jaune tirant sur le rouge composé avec terre d'Italie, blanc et rouge de Prusse ;

on fait le fond noir, en réservant les veines rouges-jaunes.

MARBRE MÈRE D'ÉMERAUDE. — (N° 4, planche 21.) Sur un fond gris rosé et chiqueté, vous faites des masses vertes irrégulières, vous laissez sécher, et ensuite vous glacez les cailloux avec le vert cristallisé.

CHAPITRE XXVII.

DES ORNEMENS.

Nous avons pensé rendre service à nos lecteurs, en leur offrant quelques petits motifs d'ornemens qu'ils trouveront détaillés dans plusieurs ouvrages : particulièrement de MM. Percier et Fontaine, le *Portefeuille de l'Industriel*, etc. Notre intention est d'entrer dans quelques détails sur cette partie de l'art, afin que les personnes auxquelles notre ouvrage est destiné puissent, si elles ont des dispositions pour l'ornement, y trouver des notions indispensables pour leur faciliter la connaissance de ce genre. Car, ainsi que nous l'avons déjà dit plus haut, la peinture ne s'est perfectionnée que lorsque chacun s'est livré au genre qui lui convenait le mieux, et pour lequel il se sentait le plus de capacités.

Cependant ce n'est guère que dans les grandes villes que l'on trouve des spécialités ; là un peintre, qui se voue à un seul genre, peut y trouver assez de travaux; dans les petites villes, au contraire, où il ne se fait que peu de décorations, un peintre, s'il n'était en quelque sorte universel, aurait peu d'occupation.

C'est donc dans l'intérêt de l'art et de nos souscripteurs que nous faisons connaître tous les genres de peinture; nous sommes persuadés, d'après ces considérations, que notre ouvrage accélèrera le mouvement progressif qui s'opère avec tant d'évidence au 19ᵉ siècle.

La naissance de l'ornement paraît antérieure à la peinture et se perd en quelque sorte dans la nuit des temps, on en retrouve des traces chez les peuples les plus anciennement civilisés : les Égyptiens, les Indiens, ont avec profusion répandu les ornemens sur leurs monumens civils ou religieux ; les sauvages de la mer du Sud, les Zélandais, les Indiens de l'Amérique, qui n'ont aucune idée de l'art, se tatouent le corps et y impriment des ornemens remarquables par leur originalité et parfois par leur élégance.

De tout temps dans les fêtes religieuses ou
autres, les lieux où on les célébrait étaient dé-
corés diversement soit avec des branches d'arbres, des feuilles, des fleurs, soit avec des étoffes;
cet usage s'est même conservé jusqu'à nos jours,
et les processions de la Fête-Dieu nous retra-
cent les théories de la Grèce avec leurs fleurs
et leurs jeunes filles. La peinture et la sculpture se sont bientôt empressées de reproduire
ces espèces de décorations et les ont transmis
en les perfectionnant * de nos jours à les rendre
peut-être plus gracieux, plus variés en décomposant les fleurs naturelles, les figures humaines,
pour en former d'imaginaires, en prenant la tige
ou la fleur d'une plante d'un arbre en la réu-
nissant avec les feuilles d'une autre plante.
Cette combinaison est surtout remarquable
dans les ornemens que l'on nomme arabesques,
et qui ne sont que des imitations des premiers
ornemens arabes appropriées au goût de chaque
siècle. On leur donne maintenant un caractère naturel en observant les lois de la nature,

---

* On trouve des recueils d'Ornemens, de tous les siècles ,
chez tous les marchands d'Estampes , à Paris.

comme nous le ferons remarquer à la planche
51. Mais avant d'aller plus loin nous allons expliquer les motifs de notre planche 22. Le n° 1,
sont des raies de cœur qui se peignent sur des
moulures de lambris pour former encadrement
ou bordure. N° 2 une feuille de lierre, ornement courant sur un fond, pour imiter la broderie. N° 3, feuilles d'acanthe, même usage
que le n° 1. N° 4, rinceau : se fait en bordure
courante dans une frise et sur chambranle de
porte, avec un filet de chaque côté pour l'enca-
drer. N° 5, tore en chêne, même usage que le
précédent. N° 6, branche de myrte, même
usage que le n° 2. N° 7, tore de cyprès. N° 8,
branche de laurier, même usage que le n° 2.
N° 9, partie de plafond circulaire. N° 10, autre
plafond. N° 11, feuille de vigne. N° 12, feuille
d'eau. N° 13, une moitié d'ornement de la renaissance ; cet ornement, répété et réuni par le
gros bout, peut faire un ornement de milieu
dans un panneau ou frise, etc. N° 14, piastres
enfilés, même usage que le n° 5. N° 15, postes
enroulés, même usage. N° 16, grecque, même
usage que le n° 2. N° 17, feuille cannelée, même
usage que le n° 1. N° 18, branche de digitale

pourprée, usage n° 2. N° 19, couronne de chêne dans un écoinçon. N° 20, ornement d'écoinçon, composé de culots, etc.

MARBRE MALACHITE. — Planche 23, n° 1. Ce marbre est une mine de cuivre des plus riches ; on en fait de beaux vases, de grandes tables. Il a paru, à l'exposition de l'industrie en 1834, un temple d'une grande dimension et d'un plus riche effet en malachite avec dorures, destiné à l'empereur de Russie. Il se fait sur un fond blanc ; on fait tout le travail que l'on remarque sur notre échantillon avec des brosses de différentes grosseurs, en réservant le fond blanc pour faire les veines claires. Avec un vert foncé, fait avec le bleu et l'ocre jaune, on forme tous les contours en ayant soin de varier leur disposition et d'imiter comme des cassures, même des transpositions de masses ; on laisse sécher et on glace le tout avec le vert cristallisé.

MARBRE BRÈCHE D'ALEP. — N° 2, planche 23. Cette belle brèche, très-variée et bien connue, se peint sur un fond couleur de pierre ; on chiquète avec une teinte rosée et avec la terre d'Italie, le rouge de Prusse, le brun Wandick, le noir et le blanc ; vous faites les gros et petits cailloux, en ayant soin de les varier de forme et de grosseur. Nous prions le lecteur de se rappeler que varier les formes, le volume, la couleur dans les marbres est le vrai moyen de bien approcher de la nature. Nous conseillons toujours de la consulter quand on le pourra, malgré l'exactitude de nos échantillons, on ne peut que gagner en perfection.

Marbre d'Oelan. — N° 3, planche 23. Ce marbre rempli de coquilles se trouve dans l'île d'Oëlan, dans la mer Baltique. L'inspection de l'échantillon doit suffire pour donner la manière de le peindre; il est très-exact.

Marbre grand antique. — N° 4, planche 23. C'est ce superbe marbre qui orne la salle de Melpomène au Musée des antiques à Paris. Il était connu des anciens; il est du plus riche effet; on le scie très-mince; on rapporte les morceaux l'un à côté de l'autre, comme on fait du placage dans l'ébénisterie. On le peint sur un beau fond noir, et on veine avec blanc d'argent bien épais pour couvrir plus facilement le noir, car les deux couleurs doivent être des plus pures, noir et blanc absolu; les veines doivent être faites très-nettes et d'un bel aspect.

CHAPITRE XXVIII.

DU FILAGE.

Cette partie de la peinture en décor est encore un genre particulier et appartient essentiellement au peintre d'architecture, demande beaucoup de pratique et d'étude; mais n'entre en aucune manière dans le plan de notre ouvrage; le lecteur jaloux d'en connaître les principes, pourra consulter l'ouvrage de l'*Agaredette* ou autres, connus sous le nom de Vignoles. Nous n'avons d'autre but que de faire connaître les noms des profils les plus usités, ce que c'est qu'un rechampissage à trois tons et la manière de filer une moulure, toutes choses essentiellement de notre domaine et que ne démontre aucun ouvrage d'architecture et même de peinture.

Nous n'avons pas suivi à la rigueur les règles

de l'art; nous avons cédé en cela au mouvement et au goût du siècle, qui s'écarte volontiers des règles pour les décorations intérieures. Nous laissons cependant à nos lecteurs le soin d'apprécier cette licence, qui nous plaît assez, et qui doit apporter tôt ou tard une grande amélioration dans l'art de construire. Nous avons encore un but, c'est d'être d'un grand secours à MM. les peintres qui auront à faire, ce qui arrive très-fréquemment, quelques raccordemens, des moulures, soit sur des fausses portes, lambris, etc.

Le n° 1, planche 24, est ce que l'on nomme rechampissage à trois tons; le panneau est couleur lilas clair, les champs plus foncés et les moulures blanches. Quand vous peindrez cette moulure, vous observerez que la lumière vient de droite à gauche et qu'une moitié de la moulure, celle qui est censée dans l'ombre, est différemment modelée que celle qui est dans le clair; la partie qui est ombrée dans l'une est éclairée dans l'autre; la table saillante du milieu du panneau est ombrée en sens inverse de la moulure, par la raison que la table forme une saillie et la moulure un renfoncement, ce que l'on comprendra plus facilement lorsque nous donnerons l'explication des ombres.

Le n° 2 est un quart de rond entre deux carrés ou filets; la partie horizontale est dans l'ombre, et la partie verticale est dans le clair, et par conséquent diversement modelée.

Le n° 3 est un congé entre deux carrés, et ensuite une baguette imitée en bronze; même observation pour l'ombre que la précédente.

Le n° 4 est une doucine, ensuite un carré, une plate-bande, un autre petit carré, et un talon renversé; même observation pour l'ombre.

Nous observerons en passant que les profils agréables sont ceux qui sont alternés par une grosse moulure, ensuite une petite, une autre moyenne ou plus grosse, ainsi de suite.

Le n° 6 est une boule imitée en bronze, et le n° 5 une pointe de diamant.

Pour filer, c'est-à-dire représenter le panneau n° 1 de notre planche 24 sur une partie plane, vous prenez sur une règle tous les points par où doivent passer les lignes qui séparent la moulure d'avec la table et les champs, en les marquant avec de la craie, et les reportez sur tous les angles de la partie que vous voulez

peindre; vous blanchissez la tringle avec le blanc
d'Espagne, et vous placez son extrémité (ou
partie) sur chacun de ces points qui se corres-
pondent (cette opération se fait à deux personnes), et vous la pincez par le milieu avec le
pouce et l'index, en la faisant battre plus ou
moins fort sur l'objet que vous voulez tracer,
et lorsque vous avez de cette manière formé
toutes vos lignes, vous les passez légèrement avec
le crayon de mine de plomb; ensuite, avec un
linge blanc ou une éponge humide, vous essuyez
le blanc projeté par la tringle; on doit prendre
cette précaution pour éviter que le blanc em-
pâte la brosse en filant, et pour conserver le
trait après avoir couché de teinte; ensuite vous
couchez vos teintes chacune à leurs places res-
pectives, en ayant soin de commencer par les
panneaux, ensuite les champs, et terminez par
le blanc. Vous laissez sécher la première teinte
avant de coucher la suivante, pour qu'elles ne
se mêlent pas ensemble sur les bords, et vous
rechampisssez bien droit; vous laissez sécher
parfaitement, ensuite vous établissez vos teintes,
qui sont toujours au moins au nombre de trois
pour chaque nuance, sur des parties géomé-

trales; la première, que nous nommons demi-
teinte, se fait avec un peu de la teinte du fond,
dans laquelle on ajoute un peu de couleur plus
foncée, et composée à peu près des mêmes élémens, de manière qu'elle ne change pas la couleur et qu'elle ne la salisse pas, principe qu'il
faut en toute occasion, lorsque l'on voudra imiter des reliefs, avoir soin de bien observer, car,
si la teinte n'était pas convenable, l'objet paraî-
trait d'une autre couleur; on aura, dans ces
cas-là, le plus possible recours à la nature, en y
étudiant bien les teintes sur un objet peint de
la même couleur. Si votre ouvrage est à la colle,
vous détrempez avec la colle bien faible, et, s'il
est à l'huile, vous détrempez à l'essence, et bien
liquide afin de glacer facilement. Après avoir
préparé votre première teinte dans un petit
pot, comme nous venons de le dire, vous préparez également la seconde, que nous appelons
teinte brune ou repiqué, avec les mêmes couleurs, mais plus foncées que la précédente (pour
foncer les teintes lilas, on y ajoute un peu de
noir); ensuite vous préparez votre troisième
teinte, que nous appelons teinte claire, avec
les mêmes élémens que la teinte du fond sur le-

quel vous voulez filer: c'est-à-dire que, si vous filez le panneau, vous prenez de la teinte du panneau; si c'est la moulure, vous prenez celle de la moulure, etc., dans laquelle vous ajoutez assez de blanc d'argent pour qu'elle marque sur le fond. Quelquefois on ne se sert que de blanc détrempé à l'essence et bien liquide pour qu'il ne fasse que glacer, et que le fond paraisse à travers; cela se fait presque toujours sur des fonds dont le blanc est la base.

Vos trois teintes ainsi préparées pour chaque couleur sur laquelle vous avez à filer (il faut faire bien attention que, comme vous avez à filer sur les champs, il vous faut des teintes qui marquent dessus : celles qui sont faites pour les tables sont trop faibles, et celles de la moulure blanche ne peuvent pas servir, elles ne seraient plus de la même couleur; on pourrait tout au plus employer de la demi - teinte des champs pour faire le repiqué de la table saillante), Vous prenez avec la main gauche la règle à filer par son extrémité et la posez légèrement sur l'ouvrage, le pouce en dessus, l'index et le médius en dessous; les deux autres doigts servent, en les appuyant légèrement sur l'ouvrage.

à maintenir la position de la main et faire avancer ou éloigner la règle du sujet ; ensuite, avec
le pouce, l'index et le médius de la main droite,
vous prenez votre brosse à filer, qui doit être
courte de soie et un peu usée, faisant bien la
pointe ; vous la trempez dans la couleur en ayant
soin de l'essuyer en l'appuyant sur le bord du
pot pour lui faire faire la pointe et ne conserver
de la couleur que ce qui est nécessaire pour
faire votre filet ; ensuite vous passez la brosse
sur votre ligne, la main renversée, c'est-à-dire
le pouce en dessous, vous la faites glisser le
long de votre règle, et, avec les deux doigts de
la main gauche, que vous avez posés sur l'ouvrage, vous faites doucement reculer la règle
en l'éloignant un peu, et vous fondez le bord de
votre filet en frottant avec le reste de la couleur
qui est dans la brosse de manière à ce qu'elle se
confonde avec le fond : vous laissez sécher et
vous passez vos repiqués aux parties les plus
foncées de la même manière que nous venons
de l'indiquer pour notre demi-teinte. La teinte
claire se met de la même manière que les deux
précédentes, en fondant sur les parties rondes
et coupée net sur le bord des carrés que nous

appelons vives-arêtes, comme on le remarque
sur nos modèles, et comme l'indique la pl. 42
aux n°s 1, 2, 3 et 4. On se sert maintenant de
brosses plates; on fait les petits filets avec le
champ de ces brosses, et on fond avec le plat :
cet usage est très-bon pour peindre toutes sortes
de sujets dans le décor; elle donne à la manière
une touche large et moelleuse; nous en conseillons l'usage.

Porte en noyer. — (*Voyez* planche 25.) Cette
porte, dont les panneaux sont développés dans
le genre du plaquage en ébénisterie, doit être
faite avec le procédé que nous avons décrit
page 98. Vous prenez votre calque en carton,
comme nous l'avons dit, et, avec une brosse
d'un pouce, vous ébauchez au travers des trous
de votre carton qui indiquent les principales
masses, vous essuyez votre carton et le retour-
nez pour en faire de même au panneau parallèle. Bien entendu que cette ébauche se fait sur
le glacis, comme nous l'avons enseigné à notre
ronce de noyer : il n'est pas difficile de terminer
de la même manière lorsque vous avez les principales masses avec le carton. Le fond du mur
est en granit rose ; les pilastres et la corniche,

rechampis en bronze rouge, sont en brèche uni-
verselle. Ce marbre antique est très-rare : il en
existe deux vases qui sont placés au haut du
grand escalier du Musée, à Paris. Nous nous dis-
pensons de dire la manière de l'imiter, attendu
que l'espèce a beaucoup de rapports avec le vert
antique ; nous ferons remarquer seulement
qu'il est composé de fragmens de toutes sortes
d'espèces de marbre, principalement de granit
rose.

Nous n'avons pas donné cette porte comme
modèle d'architecture, mais seulement pour indiquer la manière de décorer une antichambre
ou salle à manger qui aurait quelque rapport
avec cette disposition. Autant que possible rappeler les mêmes couleurs de la frise à la corniche, ou seulement des pilastres ou chambranles
à cette dernière; par ce moyen on conservera
l'élégance de la disposition.

Bois d'aune, *loupe*. — (N° 1, planche 26.) Ce
bois se peint de la même manière que la racine
de buis, avec le blanc, la terre d'Italie, jaune
de chrôme, noir et bitume.

Bois de merisier. — (N° 2, planche 26.) Il se
peint avec blanc, terre d'Italie, rouge de Prusse

et terre d'ombre, sur fond pierre, dans le genre du bois de rose.

Bois de poirier. — (N° 3, planche 26.) Ce bois se peint de la même manière que le précédent, sur fond couleur de chair, avec terre de Sienne brûlée, rouge de Prusse, noir et terre d'ombre.

Bois de bouleau, *loupe*. — Ce bois se peint sur fond pierre de la même manière que la racine de buis et avec les mêmes couleurs.

Mosaïque en nacre de perle et écaille. — (Planche 27.) L'écaille se peint sur un fond blanc que l'on ébauche avec le noir et le vermillon; on laisse sécher et on glace ensuite avec de la laque carminée. Cette manière imite très-bien l'écaille employée autrefois en marqueterie sur des fonds rouges; mais, pour l'imiter à la manière de notre échantillon, vous ébaucherez avec un peu de vert jaunâtre et du noir sur fond blanc, que vous glacez avec un glacis très-léger, composé de terre de Cassel et de laque carminée. La nacre de perle se fait sur un fond blanc, et se nuance avec le bleu, le jaune et la laque carminée.

Bronze antique. — (Planche 27.) La frise de

cette planche est imitée en bronze antique. Il se fait sur un fond composé d'ocre jaune, de bleu et de noir que l'on rompt avec le blanc : vous faites des frottis de vert de gris, dans lequel vous avez mêlé un peu de blanc, sur les parties qui ne sont pas susceptibles d'être touchées, que vous fondez avec une forte queue de morue ; ensuite, sur les parties qui pourraient être touchées, on fait également des frottis avec la terre de Sienne brûlée, le noir et un peu de terre d'ombre, et sur les parties qui reçoivent la lumière, et susceptibles d'être souvent touchées, vous passez également des touches avec terre de Sienne calcinée, blanc, jaune de Naples et ocre jaune, et que l'on fond également avec la queue de morue. L'échantillon doit donner l'idée de le faire, et doit aider beaucoup à notre description.

La guirlande de fruits et de fleurs * indique que ce motif est convenable dans une salle à manger, soit plafond ou partie de mur. La

---

* Si le lecteur est jaloux d'étudier cette partie, il pourra avec fruit consulter l'ouvrage de Redouté, et autres recueils que l'on trouve chez les marchands d'estampes.

mosaïque se trace en divisant la partie à peindre en très-petits carrés réguliers ; et, en suivant notre modèle, on arrive facilement à faire toutes les figures qu'il représente. On peut peindre ce même dessin en plusieurs marbres ou bois, selon la volonté.

Bois de charme. — (*Voyez* n° 1, planche 28.) Ce bois se peint sur fond blanc.

Bois d'if, *loupe*. — (N° 2, planche 28.) Ce bois très-dur a été connu par les anciens. Il se peint, comme le bois d'Amboine, sur un fond couleur de chair, avec terre de Sienne, laque, terre d'ombre et noir.

Bois de cornouiller, *ronce*. — (N° 3, planche 28.) Ce bois se peint sur fond couleur de chair pâle, avec terre de Sienne brûlée, rouge de Prusse, terre d'ombre et noir.

Bois de houx. — (N° 4, planche 28.) Ce bois se peint sur fond blanc avec jaune de Naples ou stil de grain, bleu et bitume.

CHAPITRE XXIX.

DES LETTRES.

Nous considérons les lettres dans les décorations comme ornement, puisqu'elles servent à décorer les frises ou autres parties des monumens en annonçant leur destination. Sous ce rapport nous serions obligés d'en parler; mais, d'après des considérations bien plus importantes, nous leur consacrerons plus d'une page dans notre ouvrage : d'abord, parce qu'elles sont une des parties qui occupent le plus le peintre en décor par les nombreuses inscriptions des magasins; ensuite, pour établir, s'il est possible, des principes, des règles qui servent à l'avenir pour perfectionner les lettres; perfection qu'on est encore loin d'avoir obtenue de nos jours, même pour celles qui sont le plus usitées en peinture et en sculpture. Nos monu-

attestent la vérité de cet oubli. Nous citerons le monument de la Bourse à Paris, où les lettres de la frise extérieure sont loin d'avoir la forme convenable.

Cette partie de la peinture forme à elle seule un genre à part, et qui est à Paris presqu'exclusivement réservé aux peintres de lettres, genre dans lequel s'est illustré le fameux d'Avignon et ses successeurs qui marchent maintenant dans la même route. C'est éclairé par les ouvrages de ces différens artistes que nous essayons de donner la manière de peindre les lettres dans leurs vraies proportions et formes.

La planche 29, qui contient quatre lettres, est destinée à faire connaître les différentes manières de les ombrer. La lettre E, en couleur d'or, caractère égyptien, est éclairée comme il est le plus souvent d'usage : la lumière vient de droite à gauche; elle est vue en dessous et doit être placée à une grande élévation, comme au-dessus d'un magasin sur la frise.

La lettre U est du caractère capital romain; elle est imitée en bronze, et est éclairée dite à la Marie-Stuart (nom qu'on leur a donné d'une enseigne qui a été peinte en ce genre rue Saint-

Denis, à Paris). Nous ferons observer que la majeure partie des peintres ne les éclairent point de cette manière, qui est cependant celle que l'on doit adopter, puisque nous avons pris pour modèle la nature, ce que chacun peut vérifier en considérant l'inscription de la porte Saint-Denis, à Paris, lorsqu'elle est éclairée par le soleil : on verra sans peine que la partie brillante de la lettre est le bas, ce qui est également dans le sentiment de la peinture; on peut le remarquer encore sur d'autres inscriptions; l'erreur s'est trouvée propagée par l'inexpérience de celui qui a fait les premières. Elle est éclairée du dessus de gauche à droite.

La lettre N, imitée en acier bronzé, est du caractère appelé italienne écrasée, et nouvellement à la mode; elle est éclairée du dessus perpendiculairement; elle est également vue en dessus, et ne peut être employée que dans des soubassemens de magasins ou autres lieux pas plus élevés de terre que de trois pieds.

La lettre R est du caractère égyptien, aussi nouvellement à la mode, elle est imitée en nacre avec filets d'or, vue du dessous, et éclairée en dessus de droite à gauche. On trouvera les proportions de ces lettres et la manière de les tracer dans les alphabets particuliers pour chaque espèce, que nous donnerons plus tard. Nous n'avons parlé de ces quatre lettres que pour enseigner les différentes manières de les représenter en relief, et les différentes couleurs de les peindre.

Bois d'Ayard rouge, *ronce*. — (Planche 3o, n° 1.) Ce bois des îles est beaucoup employé en ébénisterie. Il se peint sur un fond couleur de chair jaunâtre : le travail se fait comme à l'acajou, avec terre de Sienne calcinée, laque et bitume.

Bois de palmier. — (N° 2, planche 3o.) Il se fait sur un fond blanc, sur lequel vous faites tous les pores avec noir et terre d'ombre; vous laissez sécher, et vous glacez avec terre d'ombre et terre d'Italie.

Bois de Botany-Bay. — (N° 3, planche 3o.) Ce bois, assez long à faire par l'originalité de ses veines, gercées comme l'écorce du chêne, porte le nom de son pays. Il se fait comme le précédent, mais sur fond couleur de pierre, et glacé de terre de Sienne brûlée avec un peu de momie.

Bois de puine. — (N° 4, planche 3o.) Il se fait, comme le bois de merisier, sur un fond blanc avec vermillon, ocre jaune, blanc et bitume.

Marbre bleu fleuri. — (N° 1, planche 31.) Il se peint comme le bleu turquin, avec les mêmes couleurs, mais bien plus chargé de veines noires, et beaucoup plus vigoureuses.

Caillou d'Égypte. — (N° 2, planche 31.) Cette pierre, d'un fond obscur, est susceptible de représenter toutes sortes de figures. Notre échantillon représente une Bacchante en furie. Il se peint sur fond gris clair, avec noir, terre d'ombre et ocre de rue.

Brèche grise. — (N° 3, planche 31.) Cette belle brèche, dont on voit de beaux échantillons au château de Versailles, se peint sur un fond pierre, à la manière de la brèche d'Alep, avec le blanc, le noir, l'ocre rouge, la terre d'Italie et la terre d'ombre.

Pierre *appelée* serpentine. — (N° 4, pl. 31.) Cette pierre se peint sur fond pierre, et le travail se fait à la manière du vert antique et avec les mêmes couleurs.

Marbre vert poireau antique. — (N° 1, pl. 32.)

11.

Ce marbre se peint sur un fond gris ardoise que l'on veine avec un vert clair ; on laisse sécher, pour glacer avec vert cristallisé et stil de grain.

MARBRE FLEUR DE PÊCHER. — (N° 2, planche 32.) Ce marbre se peint avec les mêmes couleurs que pour la brèche violette ; les veines doivent être beaucoup plus vagues.

MARBRE BRÈCHE VERTE. — (N° 3, planche 32.) Il se peint sur un fond blanc, à la manière du sérancolin, avec terre d'Italie, blanc, brun rouge, un peu de noir et de vermillon.

MARBRE PORTE SAINTE. — (N° 4, planche 32.) Appelé ainsi parce qu'il a servi à orner la porte du jubilé de Rome, se peint sur un fond blanc avec le bleu, le vermillon, la laque carminée, le noir, et une pointe de jaune à la manière de la brèche d'Alep, mais les taches plus vagues.

ALPHABET DE LETTRES ITALIENNES. — (Pl. 38.) Ces lettres ont pour proportion cinq parties de hauteur sur quatre parties de large ; les pleins doivent avoir une petite partie de largeur.

Pour tracer un tableau de lettres italiennes, vous commencez par écrire sur un morceau de papier l'inscription que vous voulez faire ; vous la divisez en autant de lignes que faire se pourra,

en comptant vos lettres pour chaque ligne, et
en calculant la proportion que vous pouvez leur
donner. Il faut pour une lettre de ce genre,
pour le plus moindre espace, une partie carrée,
c'est-à-dire que si votre tableau a douze pieds
de long, que vous ayez vingt-quatre lettres à
placer, elles auront chacune six pouces de proportion, ce qui fait un carré juste pour chaque
lettre. Nous donnons cette dimension comme la
plus petite, car il faut avoir soin que les lettres
ne soient jamais gênées, que la distance entre
chaque lettre soit égale à la distance qu'il y a
entre les jambages de l'u; ce doit être une règle
pour tous les caractères de lettres. Cette distance
doit être prise non de l'empatement de la lettre,
mais de son jambage; par ce moyen, une inscription se trouve régulière et plaît à la vue;
car, en peinture, c'est toujours ce sens qu'il faut
satisfaire. Lorsque vous avez calculé l'emplace-
ment de vos lettres, vous marquez, sur le tableau,
les points où vous voulez faire passer vos lignes,
et avec la tringle vous les formez. Pour les lettres italiennes, on tirera quatre lignes, deux en
haut et deux en bas, pour former les pleins de
la même largeur, et à un cinquième de distance

de la hauteur générale de la lettre, de sorte qu'il
ne reste que les trois cinquièmes d'un plein à
l'autre. L'empatement du plein doit avoir de
saillie sa largeur; vous tracez avec le crayon
blanc la forme de vos lettres, en ayant soin de
leur donner, comme sur notre modèle, la même
largeur, ce qui est du plus bel effet. On fait observer que l'*i* et le *j* ne doivent pas avoir la même
largeur, et sont seuls exceptés de la règle. Si
vous n'arrivez pas juste au bout de votre tableau,
vous effacerez avec une éponge humide, et vous
recommencerez de nouveau, en resserrant ou
éloignant chaque distance, afin d'arriver bien
juste au bout du tableau, et que l'inscription
soit bien au centre; ensuite, avec une brosse
ou un pinceau, vous couchez vos lettres de
la couleur convenue. Si les lettres sont d'une
grande dimension, vous filez les bords avec la
règle, et avec une forte brosse vous remplissez le milieu.

Quartz-agate. — Le n° 1, planche 34, se
fait sur un fond blanc, dont on réserve des
parties entre les zones que l'on forme avec
de petites brosses, en employant pour couleurs la laque carminée, le blanc d'argent, le

noir, le bleu minéral, la terre d'Italie et le bitume.

AGATE ORIENTALE. — Le n° 2, planche 34, se peint de la même manière que le précédent, avec les mêmes couleurs, et, de plus, le jaune de Naples.

JASPE-AGATE. — Le n° 3, planche 34, se peint encore de la même manière et avec les mêmes couleurs.

AGATES PAYSAGÉES. — Le n° 4, planche 34, se peint sur fond blanc avec laque carminée, blanc d'argent, bitume et terre d'Italie.

LETTRES GOTHIQUES MODERNES. — La planche 34 est un alphabet de majeures et de mineures ; les premières s'emploient au commencement des inscriptions et des noms propres, et on les orne habituellement de traits. Les mineures forment le corps des mots et se tracent en les divisant en trois parties et dans les mêmes proportions qu'il est indiqué dans notre modèle.

CHAPITRE XXX.

DE LA PERSPECTIVE LINÉAIRE.

La perspective linéaire est un calcul raisonné de lignes et de points, avec lesquels on parvient à représenter les objets naturels sous l'aspect le plus agréable, et à déterminer leurs formes, leurs grandeur, leur épaisseur et leur profondeur, de manière à produire l'illusion la plus complète.

C'est dans le but d'être utile aux peintres qui nous liront, que nous en donnons ce léger aperçu. Les personnes qui voudront en connaître davantage pourront consulter les ouvrages spéciaux, comme le *Traité de perspective*, par THÉNOT, celui de LACHAVE, etc.

La perspective est d'une si réelle utilité pour les peintres, qu'il est impossible de représenter

un seul objet en relief sans son secours ; c'est
ce que nous allons essayer de faire comprendre.

DES LIGNES.

(Voyez, planche 36, le Tableau.)

A, B, E, F est divisé en deux parties par les
lignes Q, R. Occupons-nous pour le moment de
la partie A, E, Q, R.

La ligne A, R est appelée ligne de terre (ou
de plan); elle sert à marquer toutes les divisions et à déterminer la dimension des objets con-
tenus dans le tableau. La ligne a, C est celle
d'horizon ; c'est cette ligne qui sépare le ciel
d'avec la terre dans un tableau de paysage. Elle
se place ordinairement à hauteur d'homme dans
une décoration. La ligne E, Q est celle de ciel ;
elle sert aussi à faire les divisions de plafonds.
Les autres lignes qui encadrent le tableau sont
appelées lignes de cadre, et déterminent la grandeur du tableau.

DES POINTS DE VUE ET DE DISTANCE.

Le point O est le point de vue ; on le place
toujours sur la ligne d'horizon : il est sensé re-

présenter l'œil du spectateur ; toutes les lignes qui en sortent sont autant de rayons visuels qui vont frapper sur les objets qu'ils rencontrent, et les reportent ensuite dans nos yeux pour s'y peindre comme dans un miroir.

Le point D, à l'extrémité de l'autre partie du tableau, est le point de distance ; il doit être toujours placé sur la ligne d'horizon, et à une distance du point de vue au moins égale à la plus grande largeur du tableau ; il sert à déterminer la profondeur et l'épaisseur de tous les objets que l'on représente, comme nous allons le voir.

Nous représentons le cube vert, fig. 4, qui a de largeur A, G, et de profondeur A, *j*, indiqués sur la ligne de terre. Nous traçons les lignes A, O et *j*, O, et, du point de distance, celle A, D, qui formeront ensemble un point de section, c'est-à-dire qui se croiseront à un point Z, à un point H, etc. Le point de section Z nous donne la distance A, *j* en perspective, et le point H celle A, G, etc. On élève les lignes A, I, G, J, H, K, et, pour former le dessus de notre cube, vous envoyez I et J au point de vue. Les lignes horizontales qui encadrent le cube se

tracent, comme on le voit, au point de section J
et K.

On voit que notre figure a de largeur huit
décimètres, qui sont la distance A, G, et de profondeur un mètre, qui est la distance A, *j*. Ces
mesures se prennent sur l'échelle au bas du tableau : elle sert à se rendre compte des proportions que l'on veut donner aux objets que l'on
dessine ; chaque division, peu importe sa grandeur, représente une unité, soit mètre, déci-
mètre, pied ou pouce, etc. Si nous avions voulu
faire notre cube carré, nous aurions tracé notre
horizontale au point de section H, au lieu de
l'avoir tracée au point Z, qui nous a donné un
mètre. On voit, par cet exposé, que toutes les
lignes horizontales qui seront tracées entre les
lignes R, O et A, O auront toutes A, R de longueur, à quelque profondeur du tableau qu'elles
soient tracées.

Le cube rouge, fig. 5, est carré, il a de largeur
A, G, et par conséquent la même profondeur,
puisque nous avons pris sur la ligne G, O le
point de section M pour tracer notre horizontale. On trace les perpendiculaires jusqu'en N,
ensuite N, O, pour avoir la circonscription de

la face P, M. *On ne peut pas voir le dessus de la figure, parce qu'elle est plus élevée que le point de vue ; on voit le dessus de celle n° 4, parce qu'elle l'est moins , ce qui est facile à comprendre.*

La dalle jaune est carrée ; elle a de dimension *m*, R ou A, *j*, puisque la parallèle *m*, R est tracée du point de section Z, comme à la fig. 4; c'est pour cette raison qu'elle est égale en profondeur. La dalle rouge est également carrée ; sa dimension est *l*, *m*, puisque la ligne *l*, D, qui a donné la section *n*, a servi à tracer la parallèle de *l*, *m*. Il en est de même de G, *j*, petite dalle rouge.

La fig. 6 est un plafond divisé en caissons (ou panneaux) ; on se sert de la ligne de ciel pour faire les divisions X, et de chacune de ces divisions vous tracez une ligne au point de vue qui vous donne leur largeur en perspective ; et, pour avoir la profondeur de chaque panneau ou champ, vous envoyez du point E, angle du plafond, une ligne au point de distance, et chaque section qu'elle forme avec les lignes de division qui vont au point de vue, sera la profondeur de chaque objet : ainsi la section S sera la largeur du champ ; la section T, celle du caisson ; la section U, la largeur du second champ ;

la section V, celle du grand panneau. Il en est de même pour toutes les divisions, en traçant de leurs points une ligne au point de vue ; la diagonale tracée de l'angle du tableau , c'est-à-dire du point E au point Q, D, donnera, par sa rencontre avec ces mêmes lignes, la profondeur en perspective de la largeur respective de chaque division.

La fig. 7 est un cube bleu des mêmes forme et dimension que la fig. 4. Vu du côté opposé, le point de vue est en a, et le point de distance en d. Le but de cette figure est de faire comprendre la manière de mettre le point de distance à la demi-distance ; on le met également au quart, au huitième, etc. On voit que la distance a, d n'est que la moitié de O, D dans la figure 4, et cependant nous allons obtenir les mêmes résultats. Il sera facile de le comprendre en faisant attention que nous avons pris, sur la ligne de plan, la moitié de la distance b, e, qui est la largeur de notre figure, et qui nous a donné b, c et c, e; en envoyant de ces mêmes divisions une ligne au point de vue et une autre au point de distance, nous aurons la section H de la figure 4 : donc le résultat est le même en prenant la demi-distance comme la distance entière, lorsque l'on a pris la moitié de la largeur de l'objet sur la ligne de plan. En traçant les perpendiculaires i, g, f et les horizontales qui circonscrivent la figure, elle sera entièrement semblable à la fig. 4.

La fig. 8 est pour faire comprendre ce que c'est que les degrés dont on se sert pour mesurer les angles (nous en aurons besoin lorsque nous traiterons des ombres).

Le globe que nous habitons est divisé en 360 parties, que l'on appelle degrés. Supposons-le rond, et qu'il soit représenté par notre figure 7, le cercle sera la circonférence, la ligne C,D le diamètre, le point O le centre, et les lignes O,A, O,B et O,C, seront des rayons. La moitié du cercle aura 180 degrés, puisqu'elle est la moitié de 360; la partie A,D, 90, ou angle droit, la mesure la plus juste qu'il soit possible d'avoir, puisqu'elle est le résultat de la ligne perpendiculaire ou d'aplomb sur celle du niveau ou horizontale; la partie A,B et B,C auront chacune 45 degrés, puisqu'elles sont, réunies ensemble, égales à A,D. Ainsi, si le soleil correspondait au point B, nous dirions que le globe est éclairé à 45 degrés.

DU PLAN, DE LA COUPE ET DU GÉOMÉTRAL.
(Planche 36).

Les trois premières figures de cette planche sont faites pour faire comprendre ce que c'est qu'une vue géométrale, un plan, et une coupe. La fig. 1re représente un secrétaire vu géométralement, c'est-à-dire d'une seule face, la fig. 2 en est le plan, et la fig. 3 la coupe.

LETTRES ÉGYPTIENNES. — La planche 37 est un alphabet de lettres égyptiennes à la mode depuis quelque temps; on en fait de plusieurs sortes, dans lesquelles nous avons choisi celles qui sont de la plus belle proportion. Pour tracer les lettres égyptiennes, on divisera l'espace que contient la hauteur de la lettre en cinq parties égales, la partie du haut et du bas serviront à faire les empatemens qui doivent être aussi larges que les pleins.

DU TRACÉ DES LETTRES (*).

Quand on voudra peindre une inscription, soit en lettres égyptiennes, soit en autre caractère, on s'y prendra comme il suit :

(*) Voyez ce que nous avons déjà dit, pages 165 et suivantes.

Supposons que nous ayons l'inscription *Magasin de soie* à placer sur un tableau de 7 pieds de long sur 1 pied de large. Nous commençons par compter nos lettres, qui sont au nombre de 13; nous divisons les 7 pieds, qui font 84 pouces, par 13, et nous trouvons 6 : reste 6. Ainsi ce sera des lettres de 6 pouces, et il restera 3 pouces à chaque bout du tableau pour correspondre aux 3 pouces du haut et du bas. Si le tableau avait 13 pieds de long, les lettres auraient un pied.

BOIS D'ACAJOU MOIRÉ.—(N° 1, planche 38). On appelle moiré toute espèce de bois qui ressemble, par la disposition de ses veines, à notre échantillon, quelle que soit sa couleur. Il se peint de la manière indiquée pages 115 et 116.

BOIS DE PIN.— (N° 3, planche 38.) Ce bois, qui a beaucoup de rapport avec le sapin, que nous avons déjà décrit page 118, est cité par les anciens, et diffère du sapin ordinaire par sa teinte beaucoup plus foncée. On le peint de la même manière et avec les mêmes couleurs, en y ajoutant de la terre d'Italie.

BOIS DE VIGNE.—(N°3, planche 38.) Ce bois, généralement très-tortueux, se peint sur fond blanc, que l'on glace avec un composé de blanc, jaune de Naples et ocre jaune ; vous faites quelques légers frottis avec un peu de terre d'ombre et une petite pointe d'ocre rouge , ensuite vous veinez avec les mêmes couleurs, dans lesquelles vous faites entrer un peu d'ocre de rue.

Bois d'orme. — Le n° 4, planche 38, est un échantillon avec des nœuds ordinaires ; il se peint de la même manière que le précédent, avec blanc, terre d'Italie, rouge de Prusse , et terre d'ombre.

Marbre chipolin vert. — (N° 1, planche 39.) Ce superbe marbre, connu des anciens, orne le jubé de la cathédrale de Rouen, ainsi que la fontaine de la place du Vieux-Marché de la même ville ; il se peint, à la manière de l'albâtre, sur fond blanc, avec du jaune, terre d'Italie, le bleu, le noir, et la terre de Sienne brûlée.

Marbre brèche africaine. — (N° 2 , planc. 39.) Il en existe plusieurs morceaux au Musée de Paris ; il se peint sur fond blanc avec vermillon, ocre jaune, noir, et laque carminée.

Brèche vierge.—(N° 3, planche 39.) Cette espèce est très rare ; on en trouve de petits fragmens dans les ruines de Pompeï. Elle se peint sur fond blanc avec terre d'Italie, rouge de Prusse, vermillon, blanc, bleu et noir.

Brèche quartzeuse (*ou poudingue*). — Le n° 4, planche 39, est une agrégation de petits cailloux dans une espèce de sable lapidéfique. On le peint sur fond blanc avec terre d'Italie, noir, laque, blanc, rouge de Prusse et terre d'ombre.

Pierres fines. — La planche 40 est une partie de lambris d'appuis et de hauteur, avec des ornemens en or, rouge et jaune, dans lesquels sont incrustées des pierres fines; cette composition fait très bien en exécution, et est convenable pour un boudoir ou pour un salon. Nous l'avons choisie pour faire connaître les pierres dont elle est ornée, et la manière de les mettre en œuvre. Les pierres vertes sont appelées émeraudes, les bleues saphirs, les rouges rubis, les jaunes topazes, les blanches diamans, les bleues claires turquoises, les irisées opales ; la pièce du milieu, qui représente la tête de Jupiter, est une onyx ou agate.

Perspective aérienne et réflexion dans l'eau. — (Planche 41.) L'inspection des figures, sans explication, suffirait pour les faire comprendre :

lorsqu'un objet s'élève au-dessus de la surface de l'eau, sa réflexion doit se faire perpendiculairement et égale à l'objet réfléchi; il faut toujours supposer que l'eau se prolonge jusqu'au pied de l'objet dont vous voulez avoir la réflexion.

C'est ce que l'on remarquera dans la figure de la petite maisonnette; elle est censée éloignée de l'eau jusqu'en H, de sorte que H et I étant sa hauteur, elle se trouve réfléchie par la partie H, J, dont une portion est dérobée par le parapet, qui fait lui-même sa réflexion. La réflexion doit être également mise en perspective, comme il est facile de le voir par l'épaisseur de la maison. Ainsi, pour tout objet mis en perspective dans un tableau où il y aura de l'eau, la réflexion doit se faire en partant du pied de l'objet même, de la même proportion et perpendiculairement à son élévation.

L'arcade du pont D, B, C est réfléchie dans l'eau, de manière que B se peint en A, et que la partie du cercle D, B est représentée par celle A, C, et le point F la réflexion du point E.

La planche G, placée horizontalement dans l'ouverture du parapet, est réfléchie en G, mis en perspective , de même que N en O , et P en P. Tous les objets qui sont dans l'air, comme les astres, doivent donner leur réflexion , depuis la ligne d'horizon représentée par K ; ainsi, Z, K est égale à K,L, qui en est la réflexion.

La perspective aérienne est la manière de colorier les objets selon leur plan respectif. Les deux arbres B sont d'un vert bien plus déterminé que ceux C,D et E, parce que ces derniers ont une couche d'air qui les masque , comme la pyramide A. Plus un objet est éloigné, et plus la couche d'air est épaisse, jusqu'au point de le masquer entièrement , c'est ce qui fait qu'à une grande distance on n'aperçoit plus les objets.

CHAPITRE XXXI.

DE LA THÉORIE DES OMBRES.

Nous avons donné au lecteur la manière de tracer des figures, des ornemens, etc., nous lui avons enseigné la manière de filer des moulures ; mais nous ne l'avons pas encore familiarisé avec les moyens de les modeler, et de représenter en relief toutes sortes de figures, les ombrer pour déterminer leurs formes ; car, sur un simple dessin qui ne donne que les contours d'un objet, on ne peut pas juger s'il est rond ou plat ; mais, avec les ombres, on représente jusqu'à ses plus petites sinuosités. Les quatre premières figures de la planche 42 suffisent pour faire comprendre la manière de le faire, car, d'après l'aveu des maîtres les plus célèbres , lorsque l'on sait ombrer un carré et une boule, on possède toute la magie des ombres; c'est d'autant plus vrai, que toutes les figures imaginables ne sont que des réminiscences de ces deux formes. Tâchons de nous faire comprendre; nous prions le lecteur de nous porter beaucoup d'attention. La figure 1ʳᵉ, planche 42, est un cube éclairé à 45 degrés (*Nous avons dit ce que c'était que 45 dégrés, pl.* 36 *, fig.* 7). L'étoile représente la lumière, les lignes qui en sortent sont ses rayons qui vont éclairer l'objet, comme nous le voyons sur les faces A,B,H,E, -F,G,E,H, et A,E,F,D, dont les deux premières nous sont cachées, par la raison que la lumière venant du fond du tableau, nous ne pouvons voir que la face du dessus qui est éclairée, et les deux opposées, qui sont dans l'ombre; car, comme nous l'avons déjà dit, c'est la lumière qui fait l'ombre. La fig. 2 est un cylindre éclairé aussi à 45 degrés de hauteur et 45 degrés de côté, comme il est indiqué par l'étoile au-dessus du point de lumière; cette étoile indique que les rayons de lumière sont supposés venir de l'épaule droite du spectateur, lequel est censé placé en face de l'objet. L'étoile au-dessus indique, comme à la précédente figure, le jour venant de 45 degrés de hauteur; ces deux points n'en forment naturellement qu'un, qui vient frapper directement sur les parties claires de notre cylindre. La fig. 4 est une moitié de cylindre creux dont on voit l'intérieur. Cette figure étant le contraire de la précédente, l'ombre est placée à l'opposée; l'inspection suffit pour le faire comprendre. La fig. 4 est une boule ou sphère éclairée de la même manière que les deux précédentes : on voit que l'ombre épouse la forme de l'objet, la lumière épouse aussi la même forme; la figure au-dessous représente une moitié de la boule et dont on voit l'intérieur en creux.

Pour imiter ces figures en couleur d'or, on se sert de quatre teintes principales, comme elles sont indiquées sur nos modèles. (*Nous prenons la figure 2 pour nous servir à les expliquer.*) La teinte qui touche immédiatement le clair est la teinte de fond (ou *teinte géométrale*); elle est composée simplement d'ocre jaune; on couche l'objet en entier de cette couleur, et lorsqu'elle est sèche on pose la demi-teinte, qui est celle qui se trouve à côté de cette dernière, et qui est d'un degré plus foncé; elle se fait avec une partie de cette dernière, dans laquelle on ajoute

un peu d'ocre de rue et de terre d'ombre, on la
pose en fondant sur le bord qui est du côté de
la lumière; quand elle est sèche, on pose le repiqué, qui est la teinte la plus foncée, et qui se
pose sur la demi-teinte de manière à n'en couvrir qu'une partie, en réservant, comme on le
voit, une partie du côté de la lumière et une
autre du côté de l'ombre : cette partie s'appelle
reflet. Le reflet d'un corps qui est isolé est toujours de sa couleur; mais, lorsqu'il est envi-
ronné par d'autres objets d'une couleur différente, il en prend la teinte : si elle est rouge, il
prend la nuance rouge ; si elle est verte, il prend
la nuance verte, etc. ; quelquefois les objets se
nuancent entièrement des couleurs qui les environnent : ceci est une étude particulière, c'est
le secret de l'artiste. Il faut toujours, pour se
rendre compte de ces effets et autres dans ce
genre, disposer de petits modèles de ce que l'on
veut exécuter : ce moyen est facile, avec des
morceaux de craie que l'on taille de la forme nécessaire, ou avec du plâtre ; on les peint et on
les environne des mêmes couleurs. La teinte
du repiqué, ou teinte brune, se fait avec un
peu de la demi-teinte, dans laquelle on ajoute

une partie de bitume. Entre la demi-teinte et la teinte brune on fait souvent de petits frottis avec un peu de gris roussâtre, ce qui produit un bon effet : on l'emploie également sur des parties que l'on veut faire fuir. Nous ne l'avons point fait sur nos modèles, la gravure nous en a empêché. La teinte claire se fait avec le jaune minéral, ou le jaune de Naples, dans lequel on met un peu de blanc d'argent; elle se pose, comme on le voit sur nos échantillons, et quelquefois par hachures. Nous faisons connaître ces quatre teintes, comme étant suffisantes pour les décorations qui sont toujours éloignées de la vue; mais quand l'ouvrage se trouve très-rapproché, on est obligé d'y mettre plus de soin : c'est alors que les quatre teintes se multiplient en une infinité de nuances imperceptibles, en les fondant les unes dans les autres, au point de les rendre invisible; en effet, elles ne sont plus que l'objet même qu'elles représentent, on ne s'aperçoit plus que c'est de la peinture, si l'illusion est complète. Pour arriver à ce résultat il faut étudier beaucoup d'après la nature, et avec le temps on arrive.

DES OMBRES PORTÉES (*ou projetées*). Pour avoir

l'ombre portée d'un cube éclairé à 45 degrés
par la lumière du soleil (voyez fig. 5, pl. 42),
comme l'ombre de 45 degrés est égale à l'épaisseur du cube qui la produit, vous tracez sur le
côté un quadrilatère, et la diagonale tracée d'un
angle à l'autre sera la ligne de 45 degrés; ainsi,
l'ombre étant parallèle à cette ligne, elle aura
toujours 45 degrés, et en partant de l'angle du
cube, vous en projetez l'ombre sur le mur blanc
et également l'ombre perspective sur le terrain,
comme nous l'avons indiqué sur le modèle.

La fig. 6, pl. 42, est un cube éclairé, à plus de
45 degrés, par la lumière d'un flambeau, ce qui
diffère beaucoup d'avec celle envoyée par le soleil; les rayons de lumière de ce dernier sont parallèles, et ceux du flambeau sont divergens. Pour
avoir l'ombre portée de ce cube, vous tracez, du
point de lumière, des lignes qui passent par
les extrémités supérieures, ensuite vous des-
cendez sur la ligne d'horizon, et perpendiculairement au point de lumière, un autre point du-
quel vous faites passer des lignes par les extrémités inférieures : ces lignes, avec les précédentes,
formeront des points de rencontre qui seront la
circonscription de l'ombre.

La fig. 7, pl. 42, est la projection de l'ombre d'une colonne sur un mur avec un ressaut.

La fig. 8, pl. 42, est un cube éclairé par derrière le spectateur. Pour avoir l'ombre de cette figure, vous tracez des lignes du point de vue aux extrémités inférieures du cube, et en abaissant, au-dessous, un point perpendiculaire au point de vue, et faisant passer des lignes par les extrémités supérieures, les points de rencontre donneront l'ombre qui se trouve en partie cachée par l'objet.

La fig. 9, pl. 42, est un rectangle avec une boule posée dessus. Pour avoir l'ombre portée de la boule, supposez-la dans un carré, et projetez l'ombre du carré sur le rectangle, comme nous l'avons fait à la fig. 6 ; et dans l'ombre du carré il est facile de dessiner l'ombre de la boule; ce moyen est très-simple pour toutes les parties rondes. On fait observer que la lumière vient du dehors du tableau, c'est pour cette raison que ses rayons sont presque parallèles. Nous remarquerons encore, 1° que l'ombre portée d'un corps est toujours plus foncée que la partie du corps même qui est dans l'ombre et qui la produit ; 2° que plus un objet est éloigné de la lumière, moins les rayons divergent, et l'ombre est moins foncée et finit même par se perdre; 3° que le soleil, dont le corps est prodigieusement gros et éloigné de nous, nous envoie ses rayons toujours parallèles entre eux.

[DÉCOR D'UNE CHAMBRE A COUCHER OU BOUDOIR (*).
(Planche 43).

Les parties de lambris sont blancs et gris, avec les ornemens en or; les deux panneaux de côté sont en étoffe brodée, sur le milieu desquels on a peint de petits sujets. Le plafond est également une imitation de broderie.

BOIS DE CYPRÈS, pl. 44, n° 1. Ce bois, mis en œuvre très-anciennement, parvient dans le Levant à une grosseur prodigieuse; il est facile à travailler; on ne peut pas assigner de terme à sa durée. Pline cite une statue de Jupiter faite de ce bois, et qui avait été consacrée 97 ans avant Jésus-Christ. Et les portes du temple d'Ephèse existaient déjà depuis 400 ans. On peint ce bois sur fond blanc, avec blanc, vermillon, bitume et ocre jaune.

(*) Ce dessin nous a été demandé par un Souscripteur.

Bois de marronnier, planche 44, n° 2. Se peint comme nous l'avons enseigné, pages 97 et suivante, avec terre d'ombre, blanc, rouge de Prusse, et ocre de rue.

Bois de tilleul, pl. 44, n° 2, se peint avec terre d'Italie, blanc, rouge de Prusse et bitume.

Bois de platane, pl. 44, n° 4. Se peint avec les mêmes couleurs que le précédent.

Marbre vert d'Égypte, pl. 45, n° 1. Ce marbre antique diffère du vert de mer, en ce que son fond est brun et ses veines vertes, un peu jaunâtres et plus déliées ; mais il se peint de la même manière avec brun Vandick, noir, bleu, jaune de Naples, terre d'Italie et blanc.

Marbre ruiniforme, pl. 45, n° 2. Ce marbre de Florence, qui représente comme des espèces de ruines, et quelquefois des dendrites, se peint avec brun Vandick, terre d'Italie, blanc et noir.

Marbre petit antique, pl. 45, n° 3. Se peint avec blanc, noir et un peu de bistre.

Corne minérale, pl. 45, n° 4. Cette espèce, qui ressemble à la corne végétale, se peint avec blanc, noir et bitume.

Géométrie, pl. 46. Le premier besoin du peintre en décor est de savoir tracer son ouvrage ; car si la peinture est la vie des objets que l'on imite, le dessin en est l'âme. Nous allons, en conséquence, expliquer les principaux moyens pour arriver à ce but.

Pour tracer une ligne de niveau (*ou horizontale*), fig. 1re, pl. 46. Vous tracez, avec le plomb, la ligne d'aplomb D', C, et d'une ouverture de compas à volonté, en posant la pointe en D, vous faites D, B, ainsi que A, B ; vous reportez la pointe de votre compas de D en C, et vous faites A, C et C, B ; les deux points de section seront les points où doit passer la ligne A, B, qui est la ligne de niveau.

Tracer un losange, fig. 2, pl. 46. Commencez par tracer la figure précédente, vous marquez les points, en partant du point O, selon la dimension que vous voulez donner à votre figure, en A, B, C, D, et les joignez ensuite par les diagonales A, D, etc.

Tracer un pentagone, pl. 46, fig. 3. Vous tracez un cercle, et divisez la circonférence en autant de parties que vous voulez avoir de faces, et les réunissez par une ligne d'un point à un autre.

Trouver le point de centre d'un cercle, fig. 4,
pl. 46. Nous voulons connaître le point de centre qui a servi à faire la partie d'arcade A, C,
E, ligne ponctuée ; vous placez au hasard, sur
la ligne, les points A, C, E, que vous joignez
par une ligne droite de l'une à l'autre, et sur lesquelles vous élevez les perpendiculaires B, et
F indéfiniment : elles donneront ensemble le
point de section O, qui sera le point de centre
de la partie de cercle A, C, E.

Tracer une ellipse, fig. 5, pl. 46. Vous tracez
une ligne de niveau, sur laquelle vous placez
les points A, B, selon que vous voulez rendre
votre ellipse alongée, car plus ils sont rapprochés et plus l'ellipse est ronde. Ces deux points
servent de points de centre, et comme si vous
traciez un cercle, vous prenez une ficelle F, dont
vous réunissez les deux bouts, et, avec le crayon
E, que vous passez, vous tracez la circonférence
C, D.

Tracer un ponci, fig. 6, pl. 46. Vous prenez
une bande de papier que vous pliez en quatre,
B, sur B, ensuite A, sur A, de manière à ce
qu'il soit de la grandeur de la partie colorée en
rose : vous dessinez comme vous le voyez, le

quart de votre ornement, que vous piquez avec une aiguille, en suivant exactement le dessin, vous ouvrez votre papier et votre dessin est fait. Pour vous en servir, vous faites une ponce avec du noir en poudre, dans un morceau de toile en forme de tampon; vous placez votre ponci sur l'ouvrage, vous tapez et frottez dessus pour faire passer le noir à travers les petits trous d'aiguille, afin qu'ils marquent sur le fond; vous enlevez avec précaution votre ponci, vous repassez à l'encre ou au crayon tous les traits qui sont dessinés, vous époustez le noir et vous lui donnez la couleur que vous désirez.

Tracer une palmette, fig. 7, pl. 46. Vous pliez un papier en deux, et vous dessinez la moitié de votre palmette, que vous piquez comme pour la figure précédente; cette palmette est peinte en ce qu'on appelle teinte plâte. La figure 8 est une autre palmette imitée en relief. Les palmettes entrent dans la composition de tous les ornemens, et s'emploient seules pour les encoignures de panneaux, pour frises, comme ornemens courans ou de milieu, etc. La figure 9 est un ornement courant en bronze. La figure 10, une rosace. Ce que nous avons dit sur la figure 6 suffit pour faire comprendre la manière de faire le poncis de toutes sortes de rosaces.

Marbre brèche violette, pl. 47. Ces tables en hauteur montrent la manière dont on revêt les murs d'une salle à manger; ce genre est plus grandiose que celui par assises ; elles sont diversement colorées et veinées, variétés qui se rencontrent souvent dans cette espèce. Les tables du milieu sont le même morceau scié en deux et rapportés l'un à côté de l'autre pour former diverses figures. La frise imite une mosaïque, et peut être exécutée sur toutes sortes de sujets ; les espèces en sont variées, les deux panneaux sont en arragonitte de la haute Égypte, espèce de pierre calcaire.

Bois de rêve, pl. 48. Les panneaux de la porte sont de cette espèce.

Bois de Sainte-Hélène, pl. 48. Les champs de la porte sont de cette nature.

Émail, pl. 48. Le milieu du fronton de la porte est en émail. Pour faire ce fond, on prépare une teinte composée avec bleu minéral, blanc de plomb, broyés à l'huile de lin et détrempés à l'huile grasse pure ; on couche bien grassement son sujet et de suite on en saupoudre d'émail toute la surface de manière que la couleur soit couverte partout; à cet effet on en met toujours plus que moins, et on l'étend avec une forte vei- nette ou une queue de morue bien douce; on laisse sécher pendant un jour ou deux, et pour terminer on époussette pour faire tomber l'émail qui ne s'est pas incorporé dans la teinte; on le reçoit sur une feuille de papier, pour s'en servir au besoin. Si on a des lettres ou autres ornemens à faire sur ce fond, il faut les pein- dre avant de saupoudrer l'émail, car le fond est trop graveleux pour se permettre de faire aucu- ne peinture dessus.

Bois pétrifié, pl. 48. Le chambranle de la porte est de cette espèce. Lorsque le bois a sé- journé long-temps sous l'eau ou dans la terre humide, et par un concours de circonstances et de localités il change de nature, et devient pierre extrêmement dure, et capable de recevoir un beau poli. Malgré cette transformation il con- serve toujours sa forme primitive au point de pouvoir reconnaître son espèce. Celui que nous avons représenté est du chêne.

Cornaline panachée, pl. 48. Le fond du mur est de cette nature, se peint comme l'agate et sur un fond blanc.

Décor de marbre jaune de Sienne et portor,
pl. 49. Cette planche indique la manière de disposer des grandes parties de marbre ensemble,
et par assises.

Mosaique, pl. 50. Offre également différens
modèles de diverse nature, une moitié de la
planche est restée sans incrustations, pour étudier plus facilement les échantillons. Au centre
une coupe remplie de fruits.

Pierre Saint-Leu, pl. 50. La partie du milieu
est de cette pierre.

Grès bigarré, pl. 50. L'encadrement de la
pierre St-Leu est de cette espèce.

Jaspe sanguin, pl. 50. L'encadrement vert
est de cette pierre qui était en grande vénération chez les anciens. Elle préservait, dit-on, de
diverses maladies. Se peint sur un fond vert
clair, sur lequel on fait quelques frottis, et on
sable les petits points rouges avec une brosse
courte de soie.

Pierre Chateau-Landon, pl. 50. Le fond de
la frise et les deux montans du panneau sont
de cette nature ; elle prend bien le poli, elle a
servi à la construction de l'arc de triomphe de la
barrière de l'Étoile, à Paris; elle a été employée
aussi à divers édifices.

Arabesques, pl. 51. Cette planche contient plusieurs dessins qui donneront au lecteur une idée de ce genre d'ornement, qui, quoique fort ancien, est de mode aujourd'hui. La partie n. 1 offre deux modèles différens; l'un en haut et l'autre en bas, en ajustant un milieu à peu près comme il est indiqué.

Le n. 2 est un grand panneau pour servir d'exemple pour les arabesques en coloris et en relief; on remarquera que le pied des tiges ou des culots et les naissances de feuilles doivent être représentés d'une couleur plus pâle que le reste de l'ornement et se colorer davantage en s'élevant jusqu'à ce qu'une autre naissance vienne prolonger l'ornement, alors on recommence à partir d'un ton clair comme au précédent, mais en diminuant la densité de la couleur lorsque l'on arrive à son extrémité, car ce n'est guère qu'au centre de la longueur de la plante que le vert le plus vif doit se faire remarquer. Le haut des feuilles prend souvent un ton violet plus ou moins prononcé; l'envers de la feuille est toujours moins coloré de vert, il y en a tirant sur le rose, sur le bleu, etc. On ajuste, comme on le voit sur le modèle, indistinctement toutes sortes de figures, bas-reliefs, animaux, des feuilles, des fleurs, des fruits pour en former une composition agréable à la vue, autant qu'il est possible.

Nous ferons remarquer, comme nous l'avons déjà fait sentir au lecteur, que dans la composition de l'ornement on doit toujours en partant du bas lui donner plus de légèreté au fur et à mesure que l'on approche du haut. Nous avons dit précédemment l'origine de cet ornement; ainsi il justifie bien son invraisemblance que nous n'approuvons pas, car la nature est assez belle et assez variée pour exercer le goût des artistes les plus exigeans.

Le n. 3 est un ornement dans le genre étrusque : on appelle étrusque quand l'ornement n'est pas ombré, qu'il est couché à plat; l'ornement du milieu est un *cuir* *. On fait souvent ces ornemens en or sur fond cramoisi ou vert myrthe.

Le n. 6 est un panneau avec filets grecs. Le n. 5 est un panneau arabesque avec filets d'un autre genre que le précédent. Le n. 4 est un filet simple, ornement en pierres fines.

* Espèce d'écusson que l'on faisait à l'époque de la renaissance des arts aux xvᵉ et xvⁱᵉ siècles , pour placer les chiffres , les armoiries, etc.

Bois de sassafras, n. 1, pl. 52. Ce bois, qui a des qualités médicinales, est d'une couleur agréable ; il se peint avec terre d'ombre, ocre de rut, blanc et rouge de Prusse.

Bois de prunier de Virginie, pl. 5, n. 2, Se peint sur fond pierre avec terre d'Italie , blanc, bitume et rouge de Prusse.

Bois de lilas, n. 3, pl. 52. Se peint avec jaune de Naples, terre d'Italie, terre de Sienne, brûlée, noir, bitume et blanc.

Bois d'olivier, pl. 52, n. 4. Ce bois d'un très-bel effet figurait à l'exposition de la Société de l'industrie, en 1836, au Louvre. On le peint avec blanc, terre de Sienne brûlée, bitume, noir, terre d'Italie et bleu.

Marbre brèche égyptienne, pl. 53, n. 1. Se peint avec noir, terre d'Italie, terre d'ombre, bitume et rouge de Prusse.

Brèche rouge antique, n. 2, pl. 53. Cette belle brèche citée par les anciens sous le nom de rouge antique bréché est très à la mode; on en décore toutes les façades des marchands de vins de Paris. Se peint sur fond noir ; on fait les veines avec rouge de Prusse vermillon et minium ; on laisse sécher et on glace avec laque carminée.

BRÈCHE DORÉE , n. 3, pl. 53. Cette brèche ressemble beaucoup au jaune antique ; on pourrait en quelque sorte la considérer comme une de ses variétés. Se peint de la même manière que ce dernier.

JADE (ou pierre néphrétique), pl. 53, n. 4. Cette pierre décorée par les anciens du nom de pierre divine, par les soi-disant propriétés qu'elle avait de guérir et de préserver de toutes sortes de maladies, est une espèce d'agate verte. Se peint avec bleu minéral, terre de Sienne brûlée, ocre jaune, et noir.

DÉCOR DE PANNEAUX EN BOIS, pl. 54. Le panneau du milieu, décoré de filets et ornement *étrusque* ; un paysage est au centre encadré par un *cuir*. Le champ le plus près du panneau est en bois de *myrthe*, celui en suivant est en *catalpa*, l'encadrement des petits panneaux carrés est un *courbary du Canada*, les petits panneaux ronceux sont en *cytise des Alpes*, ceux de l'autre côté sont en Spa, sur lequel on a peint des petits ornemens coloriés. La frise en mosaïque, le bois le plus clair, est le *portorico*, l'un le *gaillac* et l'autre l'ébène ; la plinthe et la cymaise sont en bronze antique.

ALPHABET DE LETTRES CARACTÈRE ROMAIN, pl. 55.

Ces lettres sont de la plus belle proportion ainsi que les chiffres arrabes. Cinq lettres caractère de fantaisie à la mode.

Décor de salle a manger, pl. 56. Le fond de la niche est en *brèche rose antique*, le pourtour en *calcédoine rouge* le dessus en albâtre *de Malaga*, les panneaux en *albâtre Wurtemberg*, les panneaux ronds et la frise en *brèche de Florence*, les champs en vert-vert. Ce genre de décor de la renaissance est à la mode, il donne la manière de peindre les différentes parties qui le composent et d'en bien distribuer les couleurs.

Jaspe blanc fleuri, pl. 57. Les quadrilatères de la mosaïque sont de cette espèce. Les polygones sont en *jaspe grammite*; cette pierre était connue des anciens, elle a reçu son nom des figures de lettres qu'elle représente. Il n'est pas rare de trouver dans certains endroits des pierres avec ces bizarreries. M. *Delafaille* dit que le pavé de la Rochelle lui a fourni un alphabet lapidifique, etc. L'encadrement de la mosaïque est en *jaspe strié*. Les veines transversales que l'on y remarque ne sont autre chose que des cassures qui ensuite ont été réunies par un suc lapidifique; ces mêmes cassures sont l'effet des masses de pierres qui s'affaissent et perdent leur niveau ; c'est ce que l'on peut remarquer sur nos échantillons, par les veines qui ne se trouvent plus en face l'une de l'autre, ou qui sont interrompues et que l'on appelle transposition ; ces effets sont assez ordinaires dans les marbres, nous en avons donné des exemples. Le soubassement est en brèche de Florence.

GRANIT GLOBULEUX DE L'ILE D'ELBE, pl. 58, n. 1. Se fait avec le pinceau à chiqueter ; on fait les globules avant ou après que le fond est chiqueté.

GRANIT DE L'ILE DE CORSE, pl. 58, n. 2. Ce beau granit est mis en œuvre pour le soubassement de la colonne de la place Vendôme, à Paris.

PORPHYRE VERT, pl. 58, n. 3. Se peint avec le pinceau à chiqueter. Il y en a de tous les tons.

PORPHYRE ROUGE DE THÈBES, pl. 58, n. 4. Sur un fond brun rouge ou sable avec une brosse courte de soie, une teinte composée de laque carminée et de blanc. Lorsque l'on sablera le granit on aura soin, en frappant sur un bâton, de tenir sa brosse la soie en haut, c'est le seul moyen de sabler également.

BRÈCHE VIOLETTE, pl. 59. Décor d'une partie de mur par assises, pour donner la manière de varier les morceaux. La frise est en vert de mer.

BOIS DE NÉFLIER, pl. 60. Ce panneau imité d'un seul morceau fendu et rapporté l'un à côté de l'autre forme une figure. C'est ainsi qu'un ébéniste adroit profite des accidens qui se trouvent dans le bois pour en former des figures plus ou moins agréables.

BOIS DE SAULE, pl. 60. La frise au bas du panneau est de ce bois, le même morceau fendu en deux, ensuite rapporté.

BOIS DE PALISSANDRE, pl. 60. L'encadrement du panneau est de cette espèce ; ce modèle donne la manière de peindre des parties longues et de faire remarquer le plus possible son caractère.

DÉCOR DE FAÇADES DE MAGASIN, pl. 61. C'est ainsi que l'on décore en ce moment les plus beaux magasins de Paris.

DÉCOR DE LA RENAISSANCE, pl. 62. Porte en chêne vieux et or ; figure en coloris, panneau en sapin et chêne ; un autre panneau en bois de rose, cadre en bois d'oranger, champs en acajou moucheté, sont des décorations très à la mode.

MANIÈRE DE RÉDUIRE AU CARREAU, pl. 63. On a la figure 4 à réduire de moitié : on trace des carreaux sur le tableau que l'on repète en même nombre sur le tableau n. 5, et l'on trace ce qui se rapporte à chaque carreau.

REHAUSSER D'OR, pl. 63, n. 1. Est une figure en bronze rehaussée d'or. Le n. 2 est une autre figure en couleur, et rehaussée d'or. Pour rehausser vous ombrez votre sujet comme nous l'avons enseigné page 183 et suivantes. Lorsque le sujet est ombré, s'il est à la colle, vous posez votre mordant * avec une brosse longue de soie, en formant des hachures comme sur notre modèle; ensuite vous posez des feuilles d'or sur toutes les parties où vous avez mis du mordant, et lorsque le tout est sec vous époussetez avec une brosse douce. L'or dont on se sert pour la colle est ce que l'on nomme or d'Allemagne, ou or cuivre. Si votre sujet est à l'huile, lorsqu'il est ombré et bien sec, vous passez dessus une couche de blanc d'œufs ou vous frottez avec la ponce à la chaux **, ensuite avec la mixtion *** ; vous faites vos hachures; on se sert pour cela d'un

* Voyez ce que c'est, page 213.
** Voyez ce que c'est, page 212.
*** Cette ponce se fait avec la chaux éteinte que l'on laisse sécher, et qu'ensuite on enveloppe dans un linge en forme de tampon.

pinceau à rehausser; vous laissez sécher votre mixtion de sorte qu'elle ne s'enlève plus en y portant légèrement le dessus des doigts, mais qu'elle colle légèrement à la peau ; alors vous appliquez votre or sur les parties couchées de mixtion, ensuite vous époussetez avec le blaireau. La couche de blanc d'œufs ou la ponce à la chaux empêche l'or de prendre sur les parties où il n'y a pas de mixtion.

Ecaille rouge, pl. 63, n. 3. Se peint avec rouge de Prusse, noir et vermillon. On laisse bien sécher et on glace avec la laque carminée.

Fer rouillé, pl. 63. On peint de cette manière les portes cochères ou autres parties extérieures du bâtiment.

Agate tricolore, n. 7, pl. 63. Cette agate, en partie grise, est cependant remarquable par les trois couleurs que l'on y voit distinctement.

Enseignes, pl. 64. A la mode depuis quelque temps ; ces enseignes sont une copie de celles qui décorent les maisons de la capitale.

Décor en différens marbres, pl. 65. Une distribution de différentes espèces sur un ajustement de la renaissance, pour servir de modèle. Lorsque l'on rencontrera une disposition en ce

genre on placera les espèces comme nous l'indiquons; les natures plus foncées, plus brillantes
sur les premiers plans, et en dégradant jusqu'au
fond le plus éloigné qui doit être l'espèce plus
pâle et la moins saillante, en ayant soin, toutefois,
de bien harmoniser les couleurs comme nous l'a-
vons enseigné aux précédens chapitres.

Les colonnes sont en *basalte*, la frise de la
corniche en *pierre d'azur* verte, les panneaux
des soubassemens en *aventurine* *, les champs
en *brèche brune*, les panneaux violets en *amé-
thyste*.

ALPHABET DE LETTRES CAPITALES ROMAINES, pl. 66.
Ces lettres sont de la plus belle proportion;
elles ont cinq parties de haut et quatre et demie
de large compris l'empatement; elles ont toutes
la même largeur, ce qui les rend plus agréables
à la vue.

MARBRE CIPOLAZZO, pl. 67 Le vase est de ce
marbre connu des anciens et de l'espèce de ceux
que l'on a découverts à Pompeï.

QUATZ-HYALIN, pl. 67. Le socle qui supporte

---

* L'aventurine se peint à la manière de l'émail, il n'y a que
la couleur qui diffère ; l'aventurine se vend toute préparée
chez les marchands de couleurs.

le vase est de cette pierre, le plus ancien des minéraux.

Quartz résinite, pl. 67. Le soubassement du socle est de cette espèce, et tient le même rang parmi les minéraux.

Azur (fond d'), pl. 67. La partie de mur en bleu imite assez bien ce fond qui se fait dans le genre de l'émail avec la seule différence que l'on emploie l'azur quatre feux pour le saupoudrer

Granit jaune. La frise de la pl. 67 est de cette espèce.

Décor d'un panneau gréco-moresque, pl. 68. Le grand cadre est en *bois de Sainte-Lucie,* les panneaux d'angle en deux parties sont en *bois d'aubépine,* les six autres petits panneaux sont en *bois de lierre*

Pinceaux pour le décor, pl. 69. Le n. 1 est un pinceau à plume pour l'aquarelle, n. 2 pinceau à marbre, 3 pinceau à rehausser, 4 à chiqueter, 5 veinette en petit gris, 6 à dépouiller, 7 veinette à adoucir, 8 brosse en petit gris, 9 brosse plate en petit gris, 10 brosse à filer, 11 brosse d'un demi-pouce, 12 brosse d'un pouce, 13 brosse à frottis, 14 brosse à main.

Outils pour le décor, pl. 70. Le n. 1 est une

peau d'agneau , 2 cuir dentelé, 3 *idem*, 4
queue de morue, 5 veinette, 6 balai pour adoucir, 7 brosse-balai à long manche, 8 porte-crayon
à manche, 9 règle pour filer par terre; ces trois
derniers objets ne sont guère en usage que pour
les décorations que l'on fait par terre. Le n. 10
est une palette et son godet, 11 un couteau à
palette, 12 cuir à moirer.

Décor de façades de magasin , pl. 71. Partie
de la décoration d'un café, de la façade d'un
marchand de vins, celle d'un pharmacien ; ces
décorations sont très à la mode.

CHAPITRE XXXII.

DE DIVERS PROCÉDÉS POUR PEINDRE.

PEINTURE A L'AQUARELLE.

Cette peinture se fait sur papier collé, avec des couleurs gommées que l'on vend par tablettes ou pastilles; on les frotte avec un peu d'eau sur la palette ou sur une assiette en porcelaine, ensuite on en prend avec le pinceau pour l'étendre sur le papier et peindre le sujet que l'on veut faire. On se sert de différens procédés pour enlever la couleur et faire des effets de lumières; les uns se servent de petites éponges, les autres des espèces de pinceaux à chiqueter, des chiffons, etc., enfin chacun a ses ficelles particulières. On peut consulter à ce sujet le traité de peinture à l'aquarelle par Isabey.

On colore les gravures de la même manière; mais il faut préalablement les encoller : nous avons enseigné deux manières au chapitre VIII.

PEINTURE ORIENTALE.

On y procède par le moyen de calques ou pochoirs, qui ont la même forme que l'objet que l'on veut peindre, et avec des petites brosses courtes de soie; on peint en tapant fortement, et avec très peu de couleur; par ce moyen on parvient à fondre les teintes ensemble d'une manière inperceptible. On se sert de couleurs à la gomme, cette peinture n'est en usage que pour faire des petits tableaux de fleurs ou de fruits sur diverses étoffes ou sur papier.

PEINTURE A LA GOUACHE.

Dans ce genre de peinture, on se sert de couleurs en poudre que l'on détrempe avec la gomme ou de la colle de peau; on y emploie beaucoup de blanc pour former les lumières et pour couvrir certaines parties du tableau.

enfin cette peinture est, pour ainsi dire, une véritable peinture à la colle en miniature.

PEINTURE AU LAIT.

Cette peinture, un peu compliquée, est décrite dans *Watin*. Celle que nous indiquons est fort simple, elle consiste à employer les couleurs broyées et détrempées avec le lait. Cette peinture est utile pour les parties exposées au feu, comme sur des poêles, des bouches de chaleur, etc. Si on imite du bronze, on emploiera la terre verte, et l'indigo, ces couleurs résistent le mieux au feu.

PEINTURE AU SAVON.

Se fait avec les couleurs broyées et détrempées à l'eau de savon, même usage que la précédente.

La peinture au vinaigre se fait de même avec ce liquide.

La peinture à l'encaustique sur les couleurs broyées et détrempées à l'encaustique, on peut frotter pour les rendre brillantes, on emploie souvent la mine de plomb de cette manière pour noircir les contrecœurs de cheminées.

On fait une belle peinture économique avec le noir d'Allemagne détrempé avec la colle de peau; on laisse sécher et on frotte, sans autre préparation.

On peint en bronze les bustes en plâtre, terre cuite ou autres objets, avec une couche de terre verte de Vérone détrempée dans la colle de peau; on laisse sécher et on passe sur les parties en saillie un chiffon que l'on a saupoudré de mine de plomb noir; ce moyen imite bien le bronze.

La peinture à l'huile polie, dont on fait usage pour peindre les voitures, est très à la mode pour les façades des magasins; elle est décrite dans l'ouvrage de *Watin*; on sait qu'elle consiste à donner sur bois ou sur plâtre une couche de blanc détrempé et broyé à l'huile, laisser sécher, et ensuite donner sept à huit couches de teinte dure [*]; on ponce avec des pierres de ponce et de l'eau, ensuite on couche son fond et on vernit.

---

[*] La teinte dure est le blanc de céruse calciné broyé à l'huile grasse et détrempé à l'essence pure.

PEINTURE A LA BIÈRE.

Nous allons parler des procédés pour peindre les bois à la bière. Mais il nous serait bien difficile de les décrire tous, attendu que chacun a les siens qu'il tient cachés le plus longtemps qu'il lui est possible; ainsi c'est du génie du peintre que doivent sortir les meilleurs moyens d'exécution. On se sert souvent de la première chose venue pour imiter le bois, l'un prend un morceau de tapis, l'autre un morceau de drap, celui-ci de la grosse toile, etc.: nous ne décrirons certainement pas toutes ces manières, attendu que ce que nous en disons est seulement pour faire comprendre ce qu'il serait possible d'attendre du hasard. Nous ferons cependant connaître les moyens que nous avons employés jusqu'à ce jour et qui nous ont le mieux réussi, en conseillant au lecteur de chercher de nouvelles découvertes.

On préparera un beau fond à l'huile dont la dernière couche aura été détrempée à l'essence pure, de la couleur du bois que l'on veut faire, par exemple si c'est de l'acajou, du palissandre, du corail, du coutbary, etc., on fera un fond de mine orange.

Pour le bois de chêne, on préparera un fond couleur de pierre, et lorsqu'il sera bien sec et bien mat, on glacera avec ocre jaune, ocre de rut et rouge de Prusse, selon le ton que l'on veut lui donner; les couleurs doivent être broyées à l'eau et détrempées très liquides avec de la bière double. Vous glacez votre sujet et de suite vous prenez une *queue de morue*, et avec le plat vous tapez toute la superficie de votre sujet, en commençant par le bas et toujours en montant en ligne droite, ce qui forme parfaitement les pores du bois; quelquefois on se sert pour le même objet du *cuir dentelé* que l'on passe sur l'ouvrage, et selon le sens que l'on veut donner au bois. Aussitôt que votre sujet est ainsi préparé, et avant qu'il soit sec, vous prenez le *cuir à dépouiller* et vous faites les mailles qui sont indiquées sur notre échantillon, N° 2, planche 17, et lorsque le tout est bien sec, vous faites avec la *reinette* et une petite brosse les veines du N° 4, planche 17 et les mailles foncées du N° 3 de la même planche, et lorsque le tout est bien sec, vous vernissez à l'extérieur au vernis gras et à l'intérieur avec l'un ou l'autre vernis.

Le bois jaune, le noyer, l'acajou et autres bois ronceux se font avec les mêmes couleurs que nous avons
indiquées pour les faire à l'huile, mais toujours broyées
à l'eau et détrempées à la bière. Lorsque le panneau est
glacé, on prend la *peau d'agneau* que l'on plisse irrégu-
lièrement, et avec ses plis on appuie sur le milieu de la
ronce pour faire les dépouillés, on adoucit avec le *balai
en blaireau,* et avec une éponge humide, ou la peau
d'agneau, on enlève les parties dépouillées de chaque
côté de la ronce en formant un quart de cercle écrasé,
ensuite on adoucit; on donne encore quelques petits
coups avec le *pinceau à dépouiller,* pour régulariser ce que
l'on a fait avec la peau d'agneau ou l'éponge ; on adoucit,
et lorsque ce travail est sec, on fait les veines avec la
veinette, et sur différentes espèces de bois comme le noyer
ou le palissandre, vous repassez quelques petits glacis
pour enlever des duretés qui se trouvent dans le travail
et augmenter la transparence ; on adoucit encore, car
on ne peut trop adoucir, ce moyen-là suffit presque seul
pour que l'on approche aussi près de la nature pour s'y
tromper; on fait pour terminer quelques petites touches
de sentimens avec une petite brosse bien fine pour imiter
des nœuds.

Les racines ou loupes se font par des frottis avec la
brosse d'un pouce, en appuyant fortement de côté et
d'autre ; on forme les petites veines tortillées que l'on
termine avec une petite veinette, on adoucit, on chiquete
quelques parties avec le *pinceau à chiqueter* ou l'éponge
trempée dans la couleur ou simplement dans la bière,
on adoucit, et avec le bout du petit doigt que l'on pose
par ci par là, on forme d'autres nœuds d'une forme
différente; on adoucit et on laisse sécher pour terminer
en plaçant des nœuds foncés avec une petite brosse dont
on a coupé les soies du milieu. Le tout étant sec on
vernit. On peut faire toutes sortes de sujets de cette
manière comme marbres, figures, paysages, etc., ce
moyen est très expéditif lorsque l'on est pressé de jouir
de son appartement. Nous conseillons au lecteur de se
livrer à de nouvelles recherches pour arriver s'il est
possible à une plus grande perfection.

CHAPITRE XXXIII.

DE LA DORURE.

Il existe plusieurs manières de dorer; nous allons exposer succinctement celles qui sont du ressort de la décoration, en invitant le lecteur à consulter l'ouvrage de Watin, où toutes les manières de dorer sont décrites avec soin.

L'or bruni se fait sur fond à la colle préparé comme pour le chipolin, on couche d'assiette, on dore, et on brunit avec la dent de loup.

LA DORURE A L'HUILE.

Pour dorer à l'huile sur fond à l'huile, on se sert de *mixtion*; chacun fait la sienne à sa manière; la nôtre consiste à prendre de bonne huile grasse bien amoureuse dans laquelle nous mettons une petite pointe de vermillon, ou de litarge bien broyée à l'essence. Nous couchons notre sujet avec une brosse courte de soie et bien à sec; nous laissons sécher ordinairement vingt-quatre heures plus ou moins : nous reconnaissons que notre mixtion est bonne à dorer, lorsque en appuyant légèrement le dessus des doigts elle colle un peu sans les mouiller. Alors nous coupons sur le coussin des morceaux d'or de la grandeur de la partie que nous voulons dorer, et avec la palette à dorer, que nous passons légèrement sur notre joue, qui a été frottée avec du suif; nous enlevons le morceau d'or pour le poser à leur place : puis avec un moyen pinceau en petit gris nous l'appuyons sur le sujet, et lorsque toute la partie est dorée, nous appuyons l'or avec un tampon de coton, et ensuite nous époussetons avec le

blaireau l'or qui n'a pasadhéré au sujet. On le laisse mat
ou on le vernit au vernis à l'or.

Lorsque que l'on est pressé on dore au vernis, cette
opération se fait comme nous venons de le dire, avec la
seule différence que le vernis remplace la mixtion. Le
vernis que l'on emploie est le vernis gras; par ce moyen
on peut dorer au bout de deux heures.

On emploie pour ces manières de dorer l'or en feuille,
l'argent ou le cuivre.

MORDANT À DORER.

Est ainsi composé : prenez une livre de cire jaune, six
onces d'huile de lin, et douze onces de térébenthine de
Venise. Faites bouillir le tout ensemble dans un pot. Remuez avec une spatule, et s'il a bouilli deux ou trois minutes il est fait. On peut l'employer en ayant soin pour
cet effet de le tenir bien chaud ; on a ordinairement une
lampe qui brûle sous le vase qui le contient, et par cette
raison il conserve toujours la même chaleur.

On emploie encore un mordant composé avec une
partie de colle de peau et une partie de miel, mais nous
ne nous en sommes jamais servis. Ces mordans ne s'emploient que sur des peintures à la colle.

CHAPITRE XXXIV.

DES VERNIS.

L'art du peintre doreur de Watin a traité cette partie d'une manière à ne rien laisser à désirer. C'est pourquoi nous prions le lecteur qui voudra s'occuper de faire des vernis de le consulter. Nous allons cependant faire connaitre ceux que nous employons le plus souvent.

VERNIS A L'ESPRIT-DE-VIN.

Prenez un litre d'esprit de vin, huit onces de sandaraque que vous faites dissoudre au bain-marie dans un vase beaucoup plus grand qu'il ne faut pour contenir tous vos ingrédiens ; ensuite, vous y incorporez quatre onces de térébenthine de Venise, vous faites faire trois ou quatre bouillons, le filtrez au travers un linge, vous le laissez refroidir pour s'en servir au besoin.

VERNIS GRAS.

Prenez une livre de copal que vous faites fondre sur le feu, incorporez-y une demi-livre d'huile grasse et une livre d'essence de térébenthine ; lorsque le mélange est fait vous le filtrez et le laissez refroidir pour l'employer.

VERNIS A L'ESSENCE.

Est composé de deux livres d'essence de térébenthine,

six onces de mastic en larmes; faites dissoudre, et ajoutez
un peu de térébenthine de Venise.

EMPLOI DES VERNIS.

Les vernis doivent être employés dans un lieu chaud;
il faut étendre le vernis sur l'ouvrage avec une queue de
morue et frotter le moins possible, seulement passer en
montant et en descendant une seule fois; on doit conserver le vernis dans un lieu sec et dans des bouteilles bien
bouchées.

Le vernis à l'esprit de vin s'emploie à l'intérieur sur
toute sorte de sujets.

Le vernis gras s'emploie à l'extérieur.

Le vernis à l'essence s'emploie ordinairement pour
des tableaux comme ayant plus de consistance que celui
à l'esprit de vin.

CALQUER ET DÉCALQUER.

Pour calquer un dessin ou une peinture, on prendra
une feuille de papier à calquer * que l'on fixera sur le
dessin pour qu'elle ne se dérange pas, et soit avec un
crayon ou une plume on suivra tous les traits du dessin
ou tableau; ensuite vous enlevez votre feuille de papier
et la fixez sur une feuille de papier fort, et vous suivez
tous les traits en les piquant avec une aiguille, ce qui
vous fera un poncis; on s'en servira pour répéter le dessin autant de fois que l'on voudra. Il existe d'autres
moyens de calquer et décalquer, mais qui n'entrent point
dans les attributions du peintre en décor.

MOYEN ABRÉGÉ DE PEINDRE LES ORNEMENS.

Nous avons promis d'enseigner la manière de peindre
les ornemens en très-peu de temps. Il y a deux manières. La première, déjà connue, consiste à dessiner les ornemens que l'on veut peindre sur un carton lisse, et avec
la pointe d'un canif découper tout le dessin de manière
à le mettre entièrement à jour; ensuite vous posez votre
carton sur la partie où vous voulez faire vos ornemens,

---

* Se vend chez les marchands de couleurs, il est préparé exprès.

et avec un tampon * que vous trempez dans la couleur que vous avez sur votre palette, vous appuyez doucement pour faire entrer la couleur au travers des parties à jour de votre pochoir, car on appelle cela travailler au pochoir.

La deuxième manière a été inventée par nous ; nous voulions la tenir secrète ; mais comme elle nous a été surprise nous devons la publier dans notre ouvrage. Elle consiste à graver des petites planches en cuir de la même façon que les planches en bois dont on se sert pour les papiers peints. Vous détrempez un peu de couleur sur votre palette, vous posez votre planche dessus pour garnir de couleur toutes les parties en relief; ensuite vous la posez sur le sujet que vous voulez peindre en appuyant un peu avec les doigts, et votre ornement est peint. On peut y faire des ombres de la même manière. Tout le mérite de l'invention consiste dans le cuir que nous avons imaginé de graver; dans le fait, il s'agissait de trouver un corps qui puisse résister et plier en tout sens, ce que le cuir réunit parfaitement, car en appuyant sur la planche on imprime dans les creux comme sur les bosses, au point de tailler parfaitement ; des moulures. On a l'avantage d'en faire autant que dix peintres avec le pinceau. Quelquefois nous nous servons, pour faire nos planches, d'un morceau de liège, lorsque le dessin n'est pas très-soigné et qu'il est petit. Mais ce corps n'ayant pas assez de consistance est usé au bout de quelques instans de travail.

ERRATA.

Page 167—ligne 15, *au lieu de*, pl. 34, *lisez :* pl. 35.
» 164— » 18, » pl. 38, » pl. 33.
» 156— » 8, *après* Bouleau, » n. 4, pl. 26.
» 131— » 24, *au lieu de*, n. 9, » n. 3.
» 118— » 6, *après* Sapin, » pl. 8, n. 2.
» 76— » 17, *au lieu de*, n. 5, » n. 2.
» 125— » 5, » verte, » vérette.

* Le tampon est fait avec une poignée de coton que l'on enveloppe dans un linge.

Nous sommes arrivés à la fin du peintre en décor, malgré tous les obstacles que nous avons eu à surmonter, au nombre desquels nous comptons la dissolution de la Société au nom de laquelle nous avions annoncé cet ouvrage, et qui nous a laissé seul chargé de le faire.

Nous avons promis de citer les noms de nos souscripteurs, mais nous ne pouvons le faire qu'imparfaitement, parce qu'il y en a une partie qui nous sont arrivés par la voie de MM. les libraires, et qui, par conséquent, nous sont inconnus. Nous ne nommerons donc que ceux qui se sont directement adressés à nous.

MM.

HÉBERT, CAZALI, LOUIS GESLIN, LEGRIS, GONCEAU et RELIER, CHARLES MAUX, DECHANDELLIER, VALETTE, CAVALIER, JACQUEMIN, BOULARD, JUBIER, CARON, PESANT, RETHEL, COMBAY, HEURTIER, COREILLER, PRÉVOT, VINCENT, CAPITAINE, PETIT, MARCHAND, DARTOIS, père, DARTOIS, fils, BOT, JOLI, BRÉTEL, HACBET, GARNIER, VAQUET, GÉRARD, AUBIN, LACOSTE, LETELLIER, ESTEBENET, SALOMON, MOLES, GIARD, DUCROQ, HENRIET, BUCAND, PAIL, RUSCONEZ, SAVOYE, HUSSON, THÉVENIN, CONION, FAYOT, HONICOT, ROSSETTE, LESTRADE, BARBE, LAGNY, MAGNIER.

TABLE DES CHAPITRES.

Chap.   Pages

1   De la peinture en général; son antiquité................   9
2   Du décor et de ses progrès; son histoire............... 12
3   Ce que nous entendons par décor; sa définition......... 17
4   Des harmonies de la nature............................. 19
5   De l'harmonie d'un appartement......................... 23
6   De l'harmonie d'un salon et de la distribution des couleurs. 26
7   De la peinture à la colle ou détrempe.................. 34
8   De la peinture à la détrempe vernie.................... 39
9   De la détrempe vernie polie............................ 42
10 Peinture nouvelle au verspolin......................... 43
11 Peinture odorante...................................... 45
12 Du décor à la colle et à la bière...................... 47
13 Du décor à l'huile sur fond à la colle................. 48
14 Préceptes généraux pour faire un bon fond à la colle sur
      bois ou sur plâtre................................... 49
15 De la peinture à l'huile à l'extérieur................. 51
16 De la peinture à l'huile à l'intérieur................. 54
17 De la peinture à la cire............................... 56
18 De la peinture à fresque............................... 58
19 De la peinture en détrempe polie et rechampie.......... 60
20 Des trois couleurs élémentaires et de leurs combinaisons... 62
21 Du blanc et du noir combinés avec les couleurs et tableau de
      toutes les couleurs naturelles et composées.......... 65
22 Des bois; leur organisation, sa composition, ses formes,
      son histoire... 70
23 Des marbres; leur formation, leur histoire et le tableau
      des échantillons................................. 78 et 85
24 De l'albâtre; son histoire, sa formation, sa texture, etc.... 90
25 Des agates; leur naissance, leur caractère............. 93
26 Des échantillons de bois, de marbre et autres; leur descrip-
      tion, les manières de les peindre, leurs caractères dis-
      tinctifs... 97
27 Des ornemens; leur usage et leurs noms................. 141
28 Du filage de l'architecture, et le nom des différens profils... 147
29 Traité et modèles des lettres.......................... 159
30 De la perspective linéaire et aérienne; du plan, de la coupe
      et du géométral; du tracé des lettres, des degrés, des
      angles... 168
31 De la théorie pratique; des ombres et de la lumière, des
      ombres portées ou projetées par le soleil et le flambeau;
      des figures géométriques; moyen de réduire par le car-
      reau, et de la manière de faire le rehaussé d'or...... 181
32 De divers procédés pour peindre les bois à la bière et de plu-
      sieurs espèces de peintures.......................... 208
33 De la dorure à l'huile, au vernis, à la colle, de la mixtion,
      et du mordant.. 212
34 Des vernis; de leur emploi, de la manière de calquer et de
      peindre les ornemens en très-peu de temps............ 214

TABLE

ALPHABÉTIQUE DES MATIÈRES.

Planches.	Échantill.		Pages.
15	—	2	Acacia (bois d')	132
38	—	1	Acajou moiré (bois d')	176
7	—	2	Acajou ronceux (bois d')	115
41	—		Aérienne (perspective)	180
39	—	2	Africaine (brèche)	177
34	—	1	Agate (quartz)	167
34	—	2	Agate orientale	167
34	—	4	Agate paysagée	167
34	—	3	Agate (jaspe)	167
63	—	7	Agate tricolore	204
56	—		Albâtre de Wurtemberg	200
56	—		Albâtre de Malaga	200
14	—	2	Albâtre Montmartre	131
14	—	4	Albâtre oriental	132
14	—	1	Albâtre jaune	131
14	—	3	Albâtre rubanné	131
53	—		Alphabet de lettres italiennes	164
35	—		Alphabet de lettres gothiques	167
57	—		Alphabet de lettres égyptiennes	175
55	—		Alphabet de lettres capitales romaines	205
66	—		Alphabet de lettres romaines	199
7	—	3	Amaranthe (bois d')	116
6	—	3	Amboine (bois d')	110
65	—		Améthiste	205
15	—	1	Angica (bois d')	132
			Aquarelle (peinture à l')	208
50	—		Arabesque	195
26	—	1	Aune (lampe d')	155
67	—	5	Aventurine	205
8	—	1	Ayart gris (bois d')	117
11	—	1	Ayart rouge (bois d')	123
30	—	1	Ayart ronceux (bois d')	162
25	—	2	Alep (brèche d')	145
65	—		Azur vert	205
67	—		Azur (fond d')	206
67	—		Basalte	205
			Bière (peinture à la)	210
			Bière (bois à la)	210
			Blanc (des)	68
			Blanc (marbre)	82
			Bleus (des)	68
12	—	1	Bleu de turquin	127
51	—	1	Bleu fleuri	165
71	—		Boutiques ou magasins	202
26	—	4	Bouleau (bois de)	186
50	—	5	Botany-Bay (bois de)	162

Pl.	Échan.		Pages.
20	— 3	Brocatelle d'Espagne............................	138
26	—	Bronze rouge..................................	29
27	—	Bronze antique................................	156
		Bronze moderne...............................	149
		Bruns jaunâtres (des)........................	69
		Bruns rouges (des)...........................	69
65	—	Brune (brèche).............................	205
7	— 1	Buis (racine de).............................	113
31	— 2	Cailloux d'Égypte.............................	163
57	—	Calcédoine...................................	200
		Calquer (manière de)........................	215
66	—	Capitales romaines (lettres).................	205
19	— 1	Caroline (marbre)...........................	136
63	—	Carreau (mettre au).........................	203
34	— 4	Catalpa (bois de)...........................	199
11	— 2	Cèdre (bois de).............................	126
46	— 4	Centre (le point de).........................	191
13	— 3	Cerfontaine (marbre)........................	130
28	— 1	Charme (bois de)............................	158
50	—	Château-Landon (pierre de).................	195
17	—	Chêne (bois de)........................ 74 et 155
59	— 1	Chipolin vert (marbre)........................	177
6	— 4	Citron (bois de),............................	112
67	—	Cipolazzo (marbre)...........................	205
1	—	Couleurs élémentaires (des).................	62
1	bis	Couleurs combinées (des).....................	65
		Couleurs (nom de toutes les).................	68
36	—	Coupe (de la)...............................	175
54	—	Courbary du Canada (bois de).................	199
28	— 3	Cornouiller (bois de)........................	158
48	—	Cornaline panachée...........................	194
45	— 4	Corne minérale...............................	189
9	— 2	Corail (bois de).............................	120
58	— 2	Corse (granit de l'ile de).....................	201
54	—	Cuir...	197
54	—	Cythise des Alpes.............................	199
44	— 1	Cyprès (bois de).............................	188
16	—	Décor de Pompéï..............................	155
18	—	Décor d'un salon..............................	26
65	—	Décor de différens marbres.....................	204
22	—	Décor d'ornemens.............................	141
49	—	Décor de jaune de Sienne......................	194
24	—	Décor de panneaux et moulures.................	147
50	—	Décor d'antichambre..........................	195
56	—	Décor de salle à manger.......................	200
43	—	Décor de chambre à coucher...................	188
65	—	Décor des distributions de marbres.............	
71	—	Décor de magasins ou boutiques................	202
47	—	Décor de brèche violette en table..............	195
59	—	Décor de brèche violette par carrés............	202
68	—	Décor d'un panneau gréco-moresque............	206
54	—	Décor de panneaux en bois.....................	199
62	—	Décor de porte de la renaissance...............	202

Pl.	Échan.		Pages.
36 — 8		Degrés (des)	174
53 — 3		Dorée (brèche)	198
		Dorure (de la)	212
54 —		Ebène (bois d')	199
63 —		Ecaille rouge	204
27 —		Ecaille naturelle	156
37 —		Egyptiennes (lettres)	175
53 — 1		Egyptienne (brèche)	198
1 —		Elémentaires (couleurs)	62
46 — 5		Elipse (tracer)	191
48 —		Email (fond d')	195
21 — 4		Emeraude (mère d')	240
		Encaustique (peinture à l')	209
64 —		Enseignes	204
68 —		Epine (bois d'aub)	206
9 — 1		Erable de France (loupe d')	119
9 — 4		Erable d'Amérique moucheté	121
54 —		Etrusques	199
		Explication des échantillons	83
63 — 6		Fer	204
21 — 1		Feldspath vert fleuri	139
24 —		Filage (du)	147
52 — 2		Fleur de pêcher (marbre)	164
27 —		Fleurs	157
56 —		Florence (brèche de)	290
8 — 5		Frêne (loupe de)	118
15 — 3		Frêne veine	133
27 —		Fruits	157
54 —		Gaillac (bois de)	199
36 —		Géométral (du)	175
46 —		Géométrie (de la)	190
		Gouache (peinture à la)	208
34 —		Gothiques (lettres)	167
25 —		Granit rose	154
58 — 5		Granit vert	201
58 — 4		Granit brun	201
47 —		Granit gris	193
58 — 2		Granit de l'ile de Corse	201
58 —		Granit globuleux de l'ile d'Elbe	201
23 — 4		Grand antique (marbre)	146
		Gravures (colorier les)	208
68 —		Gréco-moresque (panneau)	206
50 —		Grès bigarré	195
12 — 2		Griotte d'Italie	127
15 — 4		Grisar (bois de)	133
31 — 3		Grise (brèche)	163
		Harmonie des couleurs (de l')	52
18 —		Harmonie d'un salon (de l')	26
48 —		Hélène (bois de Ste.)	195
7 — 4		Hêtre (bois de)	116
20 — 4		Henriette (marbre)	139
28 — 4		Houx (bois de)	158
28 —		If (bois d')	158

Pl.	Echan.		Pages.
33	—	Italiennes (lettres)	164
53	— 4	Jade (pierre de)	199
10	— 2	Jaune de Sienne (marbre)	121
19	— 3	Jaune antique (marbre)	137
56	—	Jaune antique rose (marbre)	200
6	— 4	Jaune (bois)	112
34	— 3	Jaspe agate	167
50	—	Jaspe sanguin	295
57	—	Jaspe grammite	200
57	—	Jaspe blanc fleuri	200
17	—	Jaspe strié	198
		Jaunes (des)	68
67	—	Jaune (brèche)	206
12	— 3	Languedoc (marbre)	128
		Lait (peinture au)	209
19	— 2	Lapis lazuli	156
29	—	Lettres ombrées	159
35	—	Lettres gothiques modernes	167
37	—	Lettres égyptiennes	175
33	—	Lettres italiennes	164
55	—	Lettres romaines	199
66	—	Lettres capitales romaines	66
55	—	Lettres de fantaisie	
52	—	Lilas	200
46	— 2	Losange (tracer un)	190
61	—	Magasins ou boutiques (façade de)	202
25	— 1	Malachite	145
10	— 3	Malplaquet (marbre)	124
44	— 2	Marronnier (bois de) ronce	189
26	— 2	Mérisier (bois de)	135
24	—	Moulures	148
		Mordant	213
50	—	Mosaïque	195
		Mixtion	212
54	—	Myrthe (bois de)	199
27	—	Nacre	256
19	— 4	Napoléon (marbre)	137
21	— 3	Natrolite	139
60	—	Neflier (bois de)	202
		Noirs (des)	68
		Noms des couleurs	68
6	— 1	Noyer (bois de)	97-105-134
56	—	Niche	200
46	— 1	Niveau (tracer une ligne de)	190
25	— 3	Oeylan (marbre d')	146
52	— 4	Olivier (bois d')	198
42	—	Ombres (traités des)	182
		Orangers (des)	69
62	—	Oranger (bois d')	202
14	— 4	Oriental (albâtre)	152
		Oriental (peinture à l')	208
38	— 4	Orme veiné (bois d')	177
11	— 4	Orme (loupe d')	126

Pl.	Echan.		Pages.
22	—	Ornemens (des)	141
40	—	Ornemens et pierres fines	
		Ornemens (moyen de peindre les)	213
17	— 1	Palissandre (bois de)	134
50	— 2	Palmier (bois de)	162
46	— 7	Palmette (tracer une)	192
54	—	Panneaux en bois	209
34	— 4	Paysagée (agate)	167
46	— 3	Pentagone (décrire un)	190
		Peinture à l'huile polie	194
36	—	Perspective linéaire	169
41	—	Perspective aérienne	78
43	— 3	Petit antique (marbre)	189
48	—	Pétrifié (bois)	194
8	— 4	Peuplier (ronce de)	119
37	— 3	Pin (bois de)	176
70	—	Pinceaux et outils pour le décor	206
40	—	Pierres fines	178
50	—	Pierre Château-Landon	195
53	— 4	Pierre néphrétique	199
22	—	Plafonds (ornemens de)	141
36	— 2	Plan (du)	175
44	— 4	Platane (bois de)	189
26	— 3	Poirier (bois de)	156
16	—	Pompéi (décor de)	133
46	— 6	Poncis	191
58	— 3	Porphire vert	201
58	— 4	Porphire rouge de Thèbes	201
54	—	Porto-Rico (bois de)	199
62	—	Porte de la renaissance	202
25	—	Porte en noyer	134
13	— 1	Portor (marbre)	128
32	— 4	Porte-Sainte (marbre)	164
39	— 4	Poudingue	178
24	—	Profils (des)	148
2	—	Principes de bois	74
4	—	Principes d'albâtre	90
5	— 3	Principes d'agate	33
52	— 2	Prunier de Virginie (bois de)	198
30	— 4	Puine (bois de)	163
34	— 1	Quartz agate	166
39	— 4	Quartzeuse (brèche)	178
67	—	Quartz hyalin	205
67	—	Quartz résinite	206
20	— 1	Rance (marbre)	137
48	—	Rêve (bois de)	193
62	—	Renaissance (porte de la)	202
41	—	Réflexions dans l'eau	178
70	— 9	Relief (peindre en)	183
63	— 1	Rehausser d'or	205
40	— 3	Remi St. (marbre de)	124
53	— 2	Rouge antique (marbre)	198
25	—	Rose (granit)	154

Pl.	Échan.		Pages.
6	—	Rose (bois de)...........................	105
56	—	Rose antique (brèche)......................	200
		Rouges (des).............................	68
55	— 55	Romaines (lettres)........................	199
14	— 3	Rubanné (albâtre) *voyez l'errata*.........	131
45	— 2	Ruiniforme................................	189
8	— 2	Sapin (bois de)...........................	118
12	— 4	Sainte-Anne (marbre).....................	128
10	— 3	Saint-Rémi (ou Malplaquet)................	124
68	—	Sainte-Lucie (bois de).....................	206
60	—	Saule (bois de)...........................	202
50	—	Saint-Leu (pierre de).....................	195
57	—	Sardoine..................................	200
52	— 1	Sassafras (bois de).......................	197
		Savon (peinture au).......................	209
21	— 2	Serrancolin................................	139
31	— 4	Serpentine................................	163
13	— 2	Sicile (brèche de).........................	129
9	— 3	Sicomore (bois de)........................	121
54	—	Spa (bois de).............................	199
		Tableau des échantillons....................	85
1	—	Tableau des trois couleurs..................	62
1	bis	Tableau des couleurs combinées.............	65
42	—	Théorie des ombres.........................	181
44	— 3	Tilleul (bois de)...........................	189
		Tracer un tableau de lettres................	164-175
42	—	Traité des ombres..........................	181
63	—	Tricolore (agate).........................	204
		Vernis (des).............................	214
32	— 3	Verette (brèche) *voyez l'errata*.........	167
		Verts (des)...............................	69
10	— 1	Vert de mer (marbre).....................	122
10	— 4	Vert-vert.................................	123
13	— 4	Vert Campan..............................	130
20	— 2	Vert antique..............................	138
32	— 1	Vert poireau..............................	163
45	— 1	Vert d'Égypte.............................	189
47	59	Violette (brèche).........................	193-202
		Violets (des).............................	69
11	— 3	Violet (bois).............................	126
39	— 3	Vierge (brèche)...........................	177
38	— 3	Vigne (bois de)...........................	176
		Vinaigre (peinture au).....................	209
56	—	Wurtemberg (albâtre de)..................	200

IMPRIMERIE DE F. MALTESTE ET Cie, RUE DES DEUX-PORTES-S.-SAUVEUR, 18,

Près le passage du Grand-Cerf.

TABLE

DES PLANCHES CONTENUES DANS CET OUVRAGE,

AVEC INDICATION DE LA PAGE DE TEXTE *.

Planches.		Pages.
1	Tableau des trois couleurs.	62
Id.	Tableau des couleurs combinées.	65
2	Principes de bois.	74
3	Quatre échantillons de marbre blanc.	84
4	Principes d'albâtre.	90
5	Principes d'agathe.	94
6	Ronce de noyer, bois de rose, amboine et citron.	97
7	Bois d'acajou, buis, amaranthe et hêtre.	113
8	Bois de sapin, frêne, peuplier, ayart gris.	117
9	Bois d'érable, corail, érable d'Amérique, sycomore.	119
10	Marbre vert de mer, jaune de Sienne, St-Rémi, vert-vert.	121
11	Bois de cèdre, ayart rouge, orme, et violet.	125
12	Marbre griotte d'Italie, bl. de Turquin, Langdoc St-Anne.	127
13	Brèche de Sicile, vert Campan, Portor, Cerfontaine.	129
14	Albâtre Montmartre, oriental, rubanné, jaune.	131
15	Bois de Grisard, frêne, acacia.	133
16	Décor de Pompéï.	133
17	Bois de palissandre, et chêne, trois variétés.	134
18	Décor d'un salon, ordre corinthien.	26
19	Marbre lapis, jaune antique, caroline, Napoléon.	136
20	Marbre vert antique, brocatelle, rance, Henriette.	138
21	Marbre serrancolin, spat, émeraude, natrolitte.	139
22	Décor d'ornemens, de plafond, etc.	144
23	Marbre brèche d'Alep, doëlan grand antique, malachite.	145
24	Décor de panneaux et moulures, etc.	148
25	Porte en noyer, brèche universelle, granit rose.	184
26	Bois de poirier, merisier, aune, bouleau.	156
27	Mosaïque, nacre de perle, écaille, bronze, etc.	156
28	Bois d'if, charme, houx, cornouiller.	158
29	Lettres ombrées.	159
30	Bois de palmier, Botany-Bay, puine, ayard rouge.	162
31	Marbre brèche grise, bleu fleury, serpentine, caillou d'Égypte.	163
32	Marbre fleur de pêcher, porte sainte, brèche vérette, etc.	164
33	Alphabet de lettres italiennes.	164
34	Agathe ondulée, quartz agathe, orientale, paysagée.	166

* Cette table doit être placée à la suite de la dernière planche.

35 Alphabet de gothiques modernes. l

36 Perspective linéaire. l

37 Alphabet de lettres égyptiennes. l

38 Bois de pin , acajou , orme , de vigne. l

39 Marbre chipolin, brèche vierge , africaine, poudingue. l

40 Ornemens et pierres fines. l

41 Perspective aérienne et réflexions dans l'eau. l

42 Traité des ombres. l

43 Décor d'une chambre à coucher. l

44 Bois de cyprès, de tilleul , platane , marronnier. l

45 Marbre petit antique vert d'Égypte, ruiniforme, cornemin. l

46 Poncis, ornemens , géométrie , etc. l

47 Marbre brèche violette partie de mur. 193-2

48 Bois de rêve, pétrifié , Ste-Hélène , émail, cornaline. l

49 Décor de jaune de Sienne , et Portor. l

50 Pierre Château-Landon, jaspe, etc. l

51 Arabesques. l

52 Bois de prunier de Virginie , sassafras , olivier, lilas. l

53 Brèche dorée, égyptienne, rouge antique, pierre néphr. l

54 Bois de myrthe, de catalpa, courbary, cytise, etc. l

55 Alphabet de lettres romaines. l

56 Niche, brèche de Florence , jaune antique, sardoine, etc. 2

57 Jaspe grammitte, calcédoine, jaspe strié, etc. 20

58 Granit de l'île d'Elbe, de Corse, porphire de Thèbes, etc. 20

59 Marbre brèche violette par carreaux. 20

60 Bois de néflier , de saule, de palissandre. 2

61 Boutiques et magasins. 20

62 Décor de porte en différens bois, et de la renaissance. 2

63 Manière de réduire au carreau , fer, écaille, etc. 20

64 Enseignes. 20

65 Décor de la renaissance, basalte aventurine, etc. 20

66 Lettres capitales romaines. 20

67 Azur, quartz-hyalin, résinitte, cypolazzo, etc. 20

68 Panneau greco-moresque , bois de lierre, etc. 20

69 Pinceaux employés dans le décor. 20

70 Outils employés dans le décor. 20

71 Façade de café, de pharmacie , etc. 20

I bis

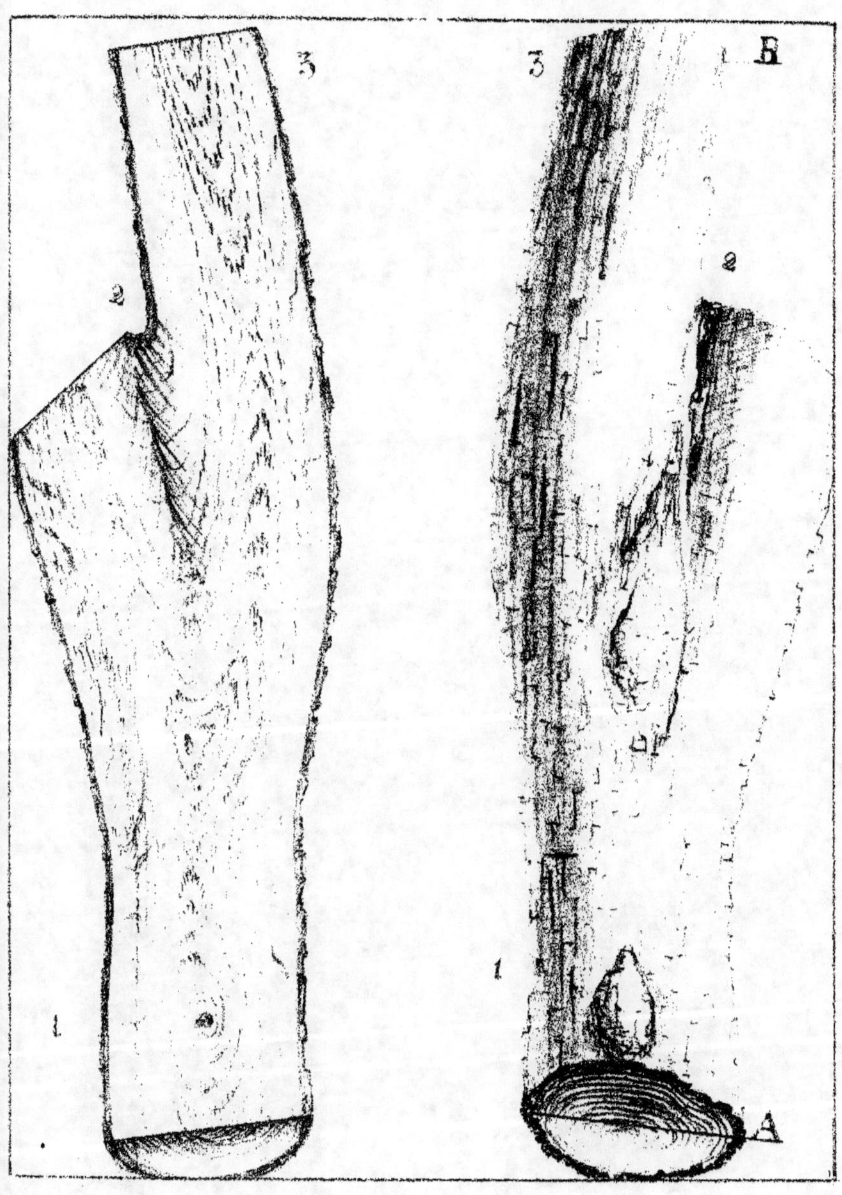
2
3
3
B
2
2
1
1
A

3

B
A

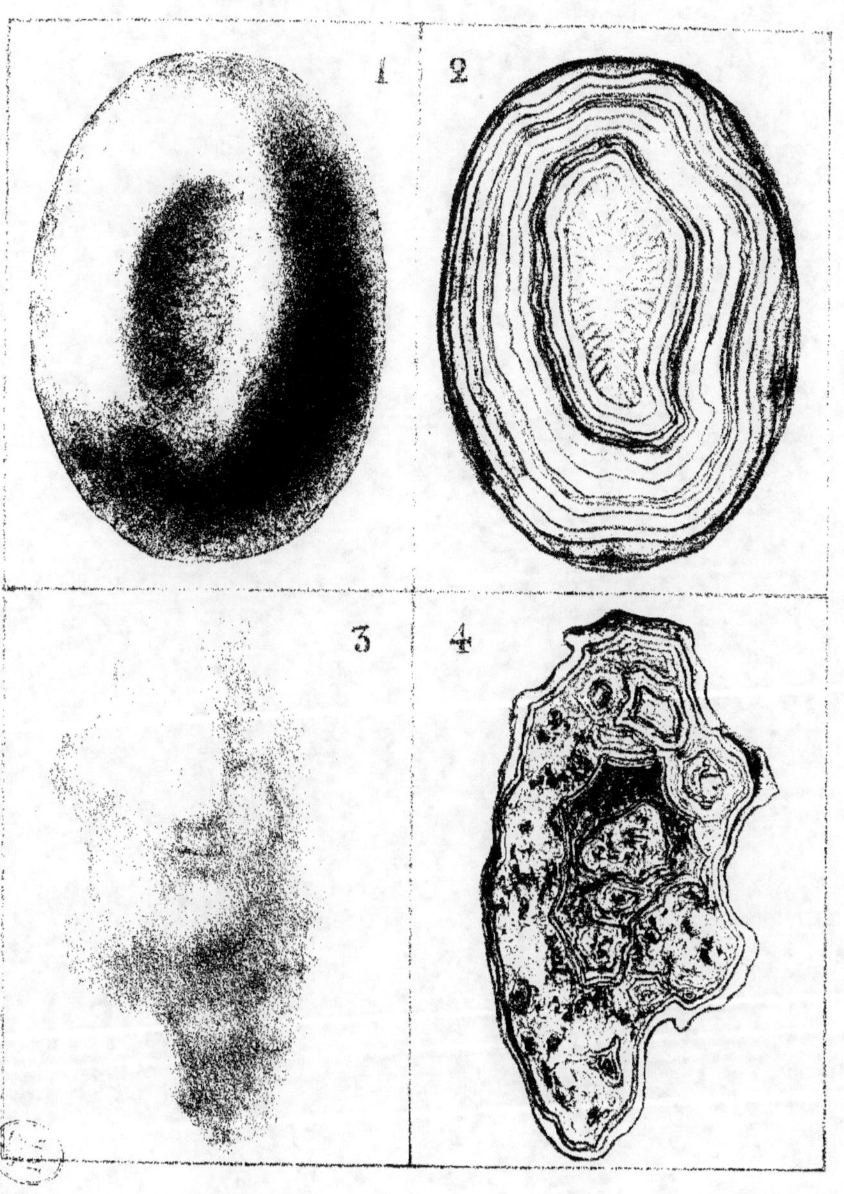
5
1
2
3
4

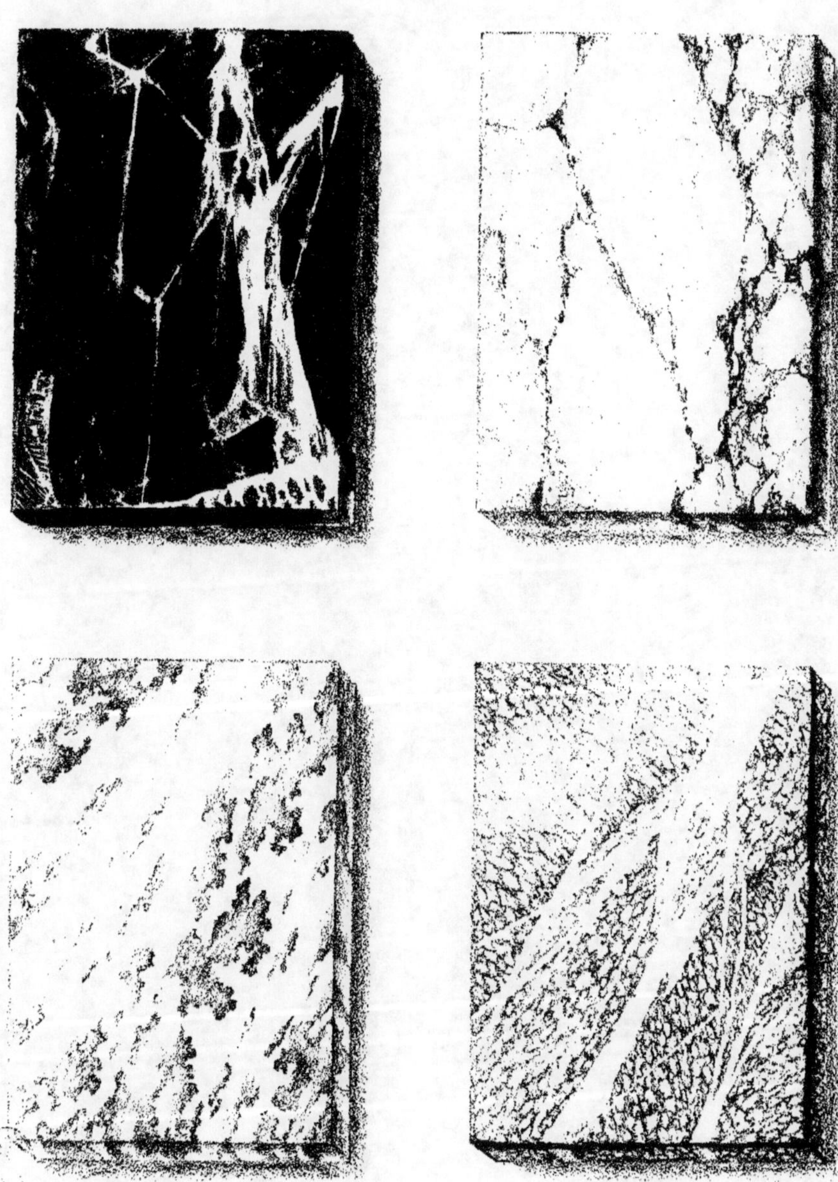

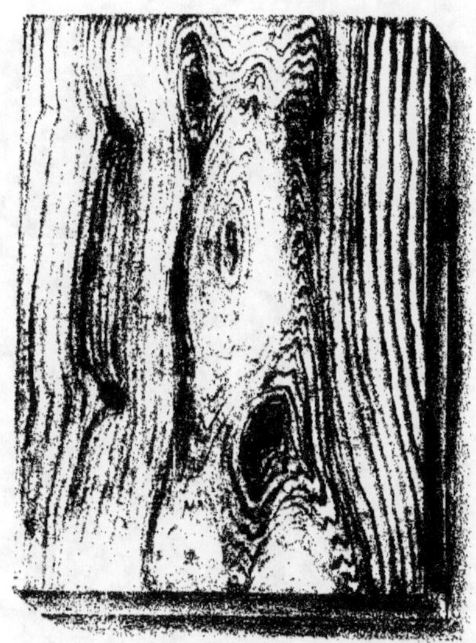

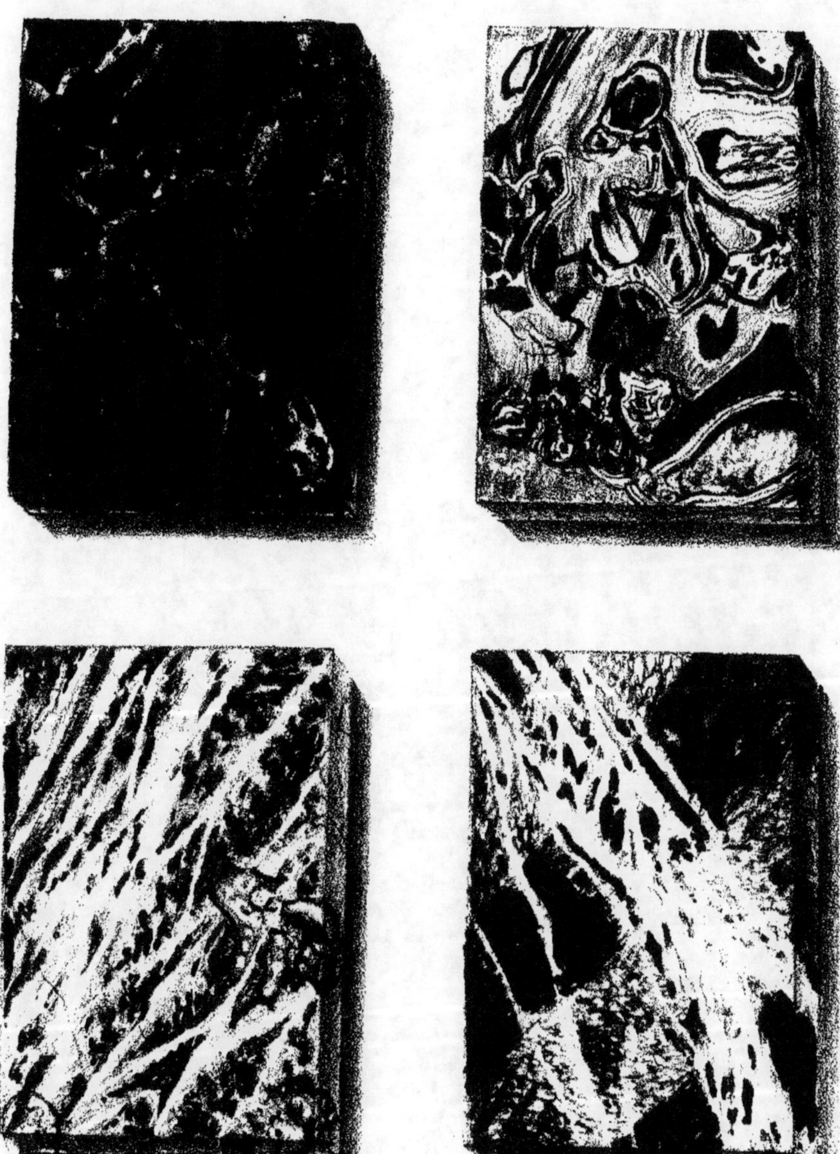

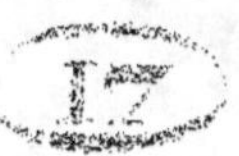
17

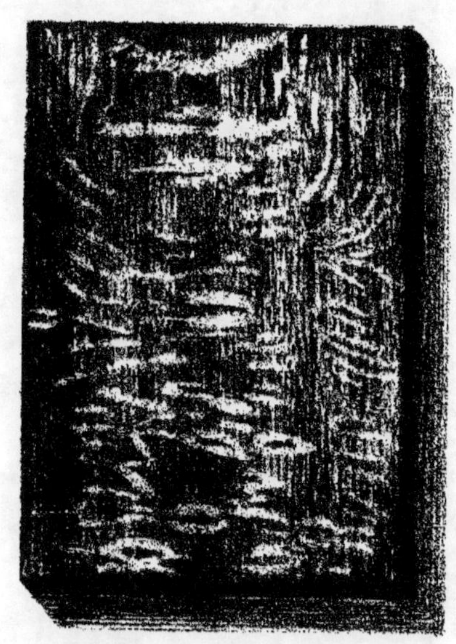

19

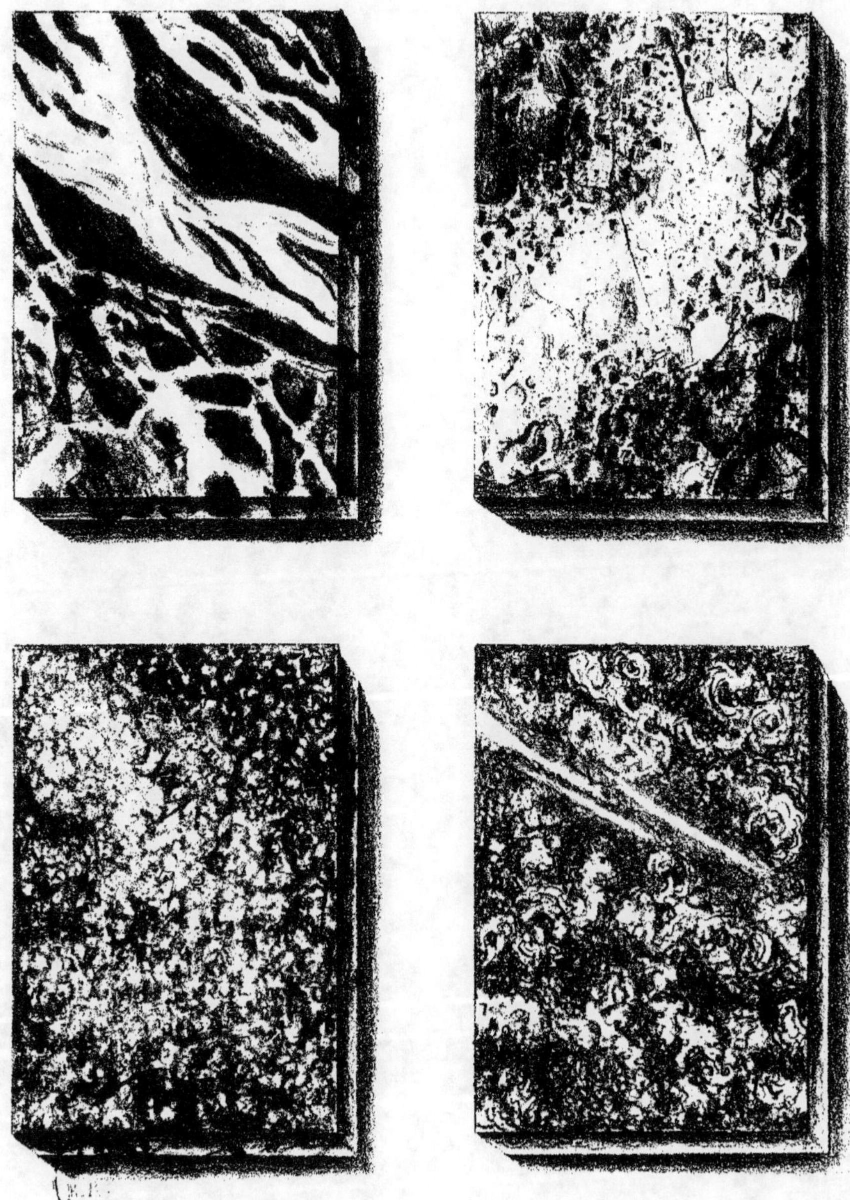

21

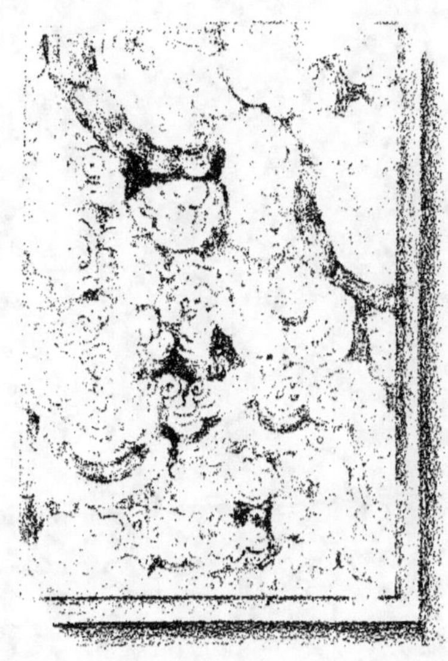

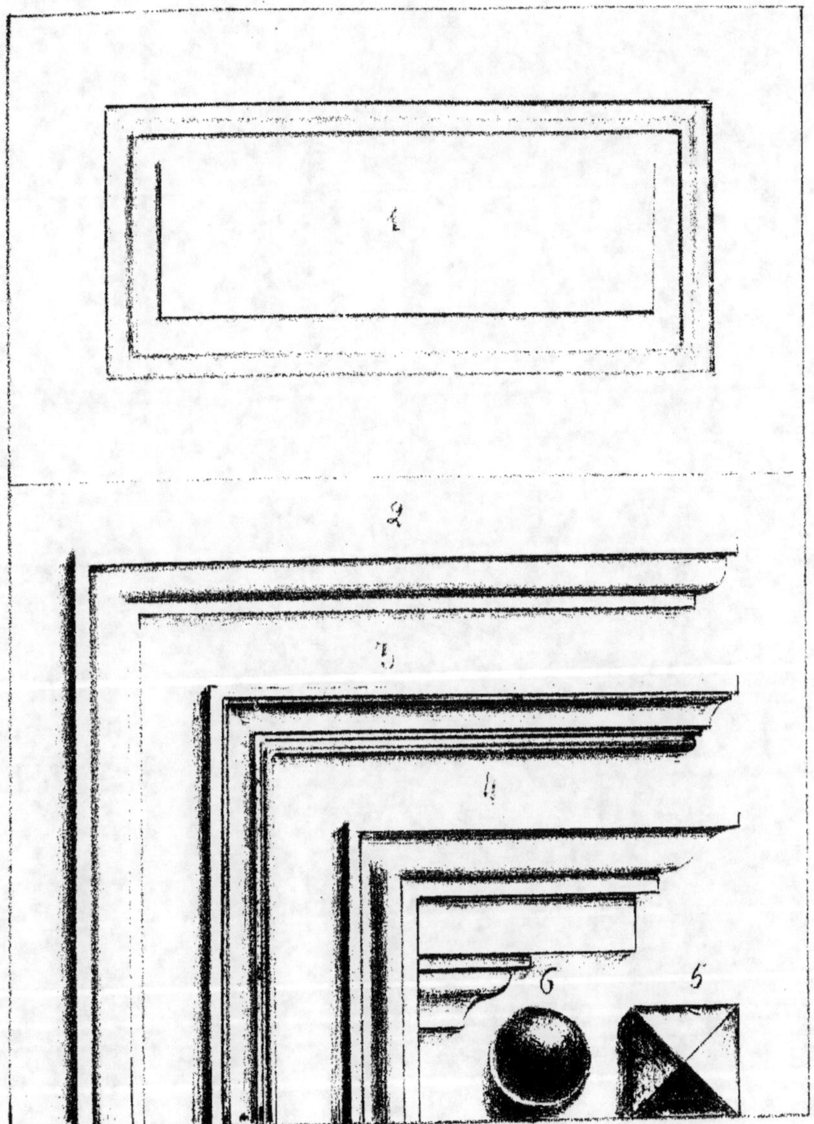

1
2
3
4
6
5

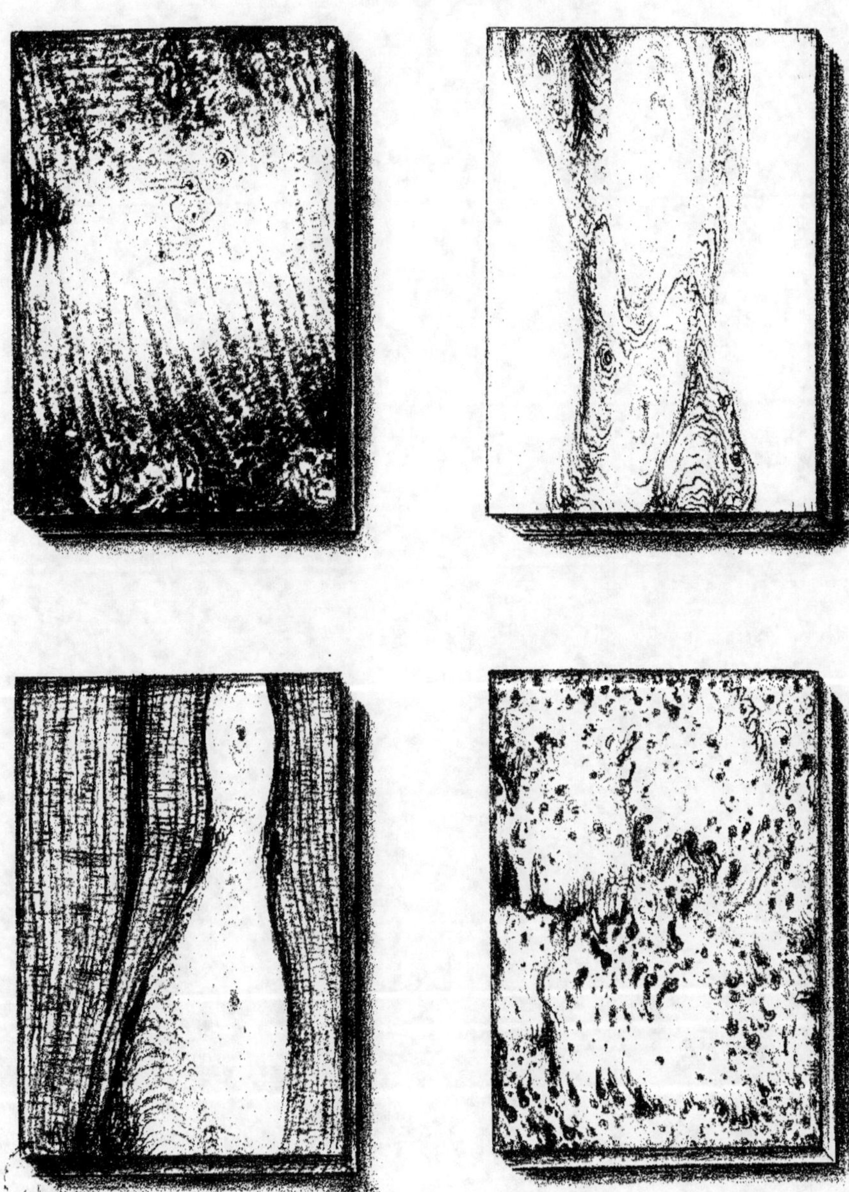

A B C D E

F G H I J

K L M N O

P Q R S T

U V X Y Z

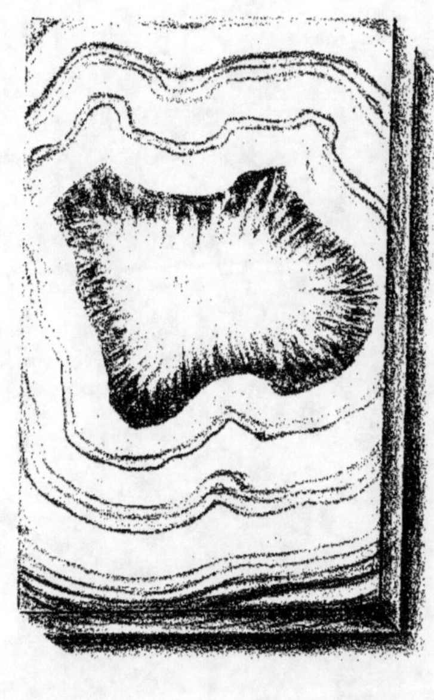

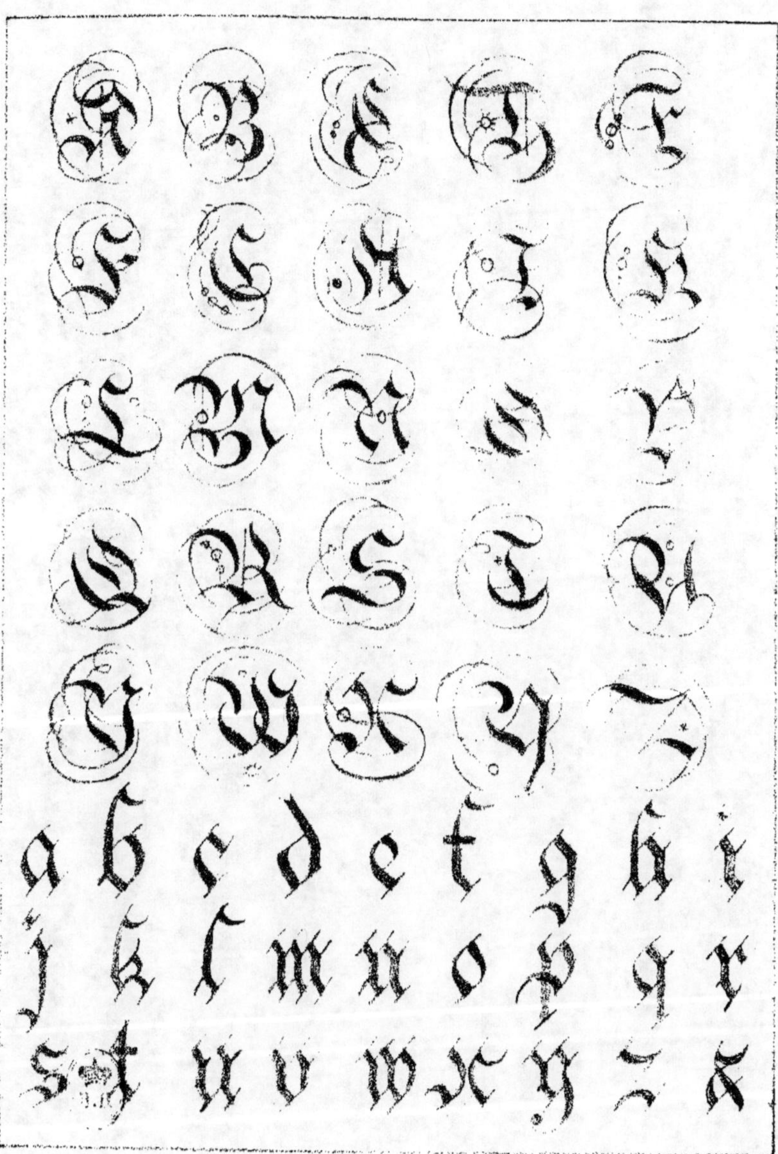

56

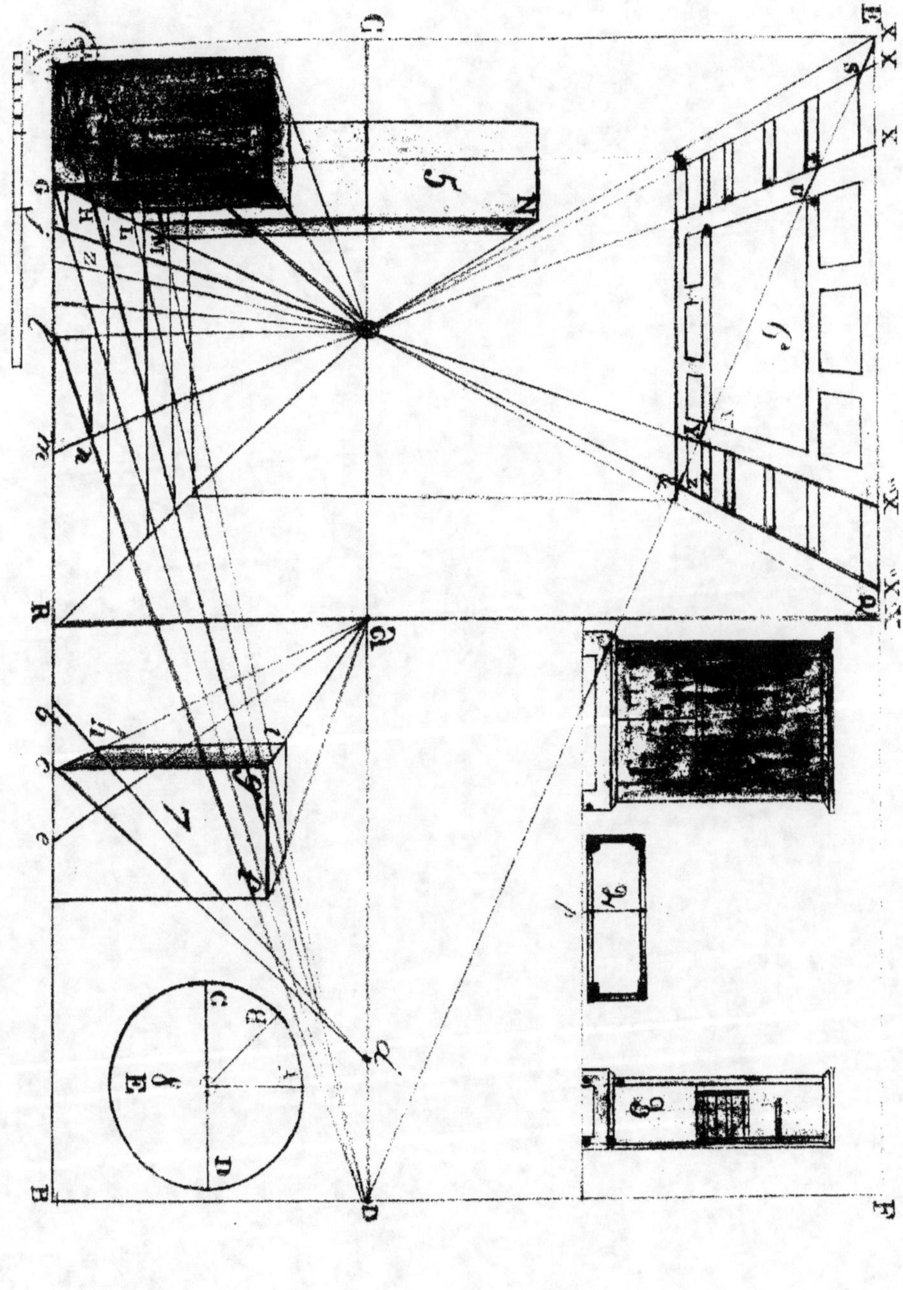

ABCDE FGHIJ KLMNO PQRST UVXYZ

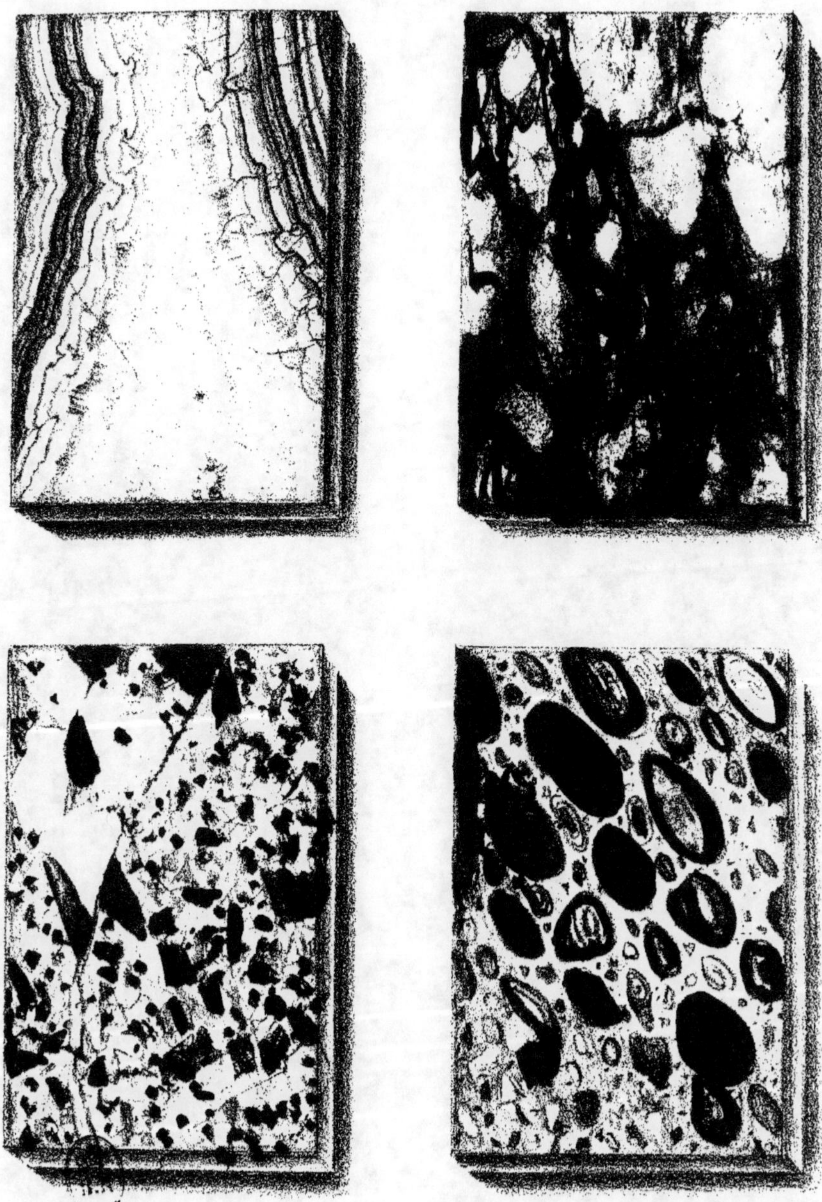

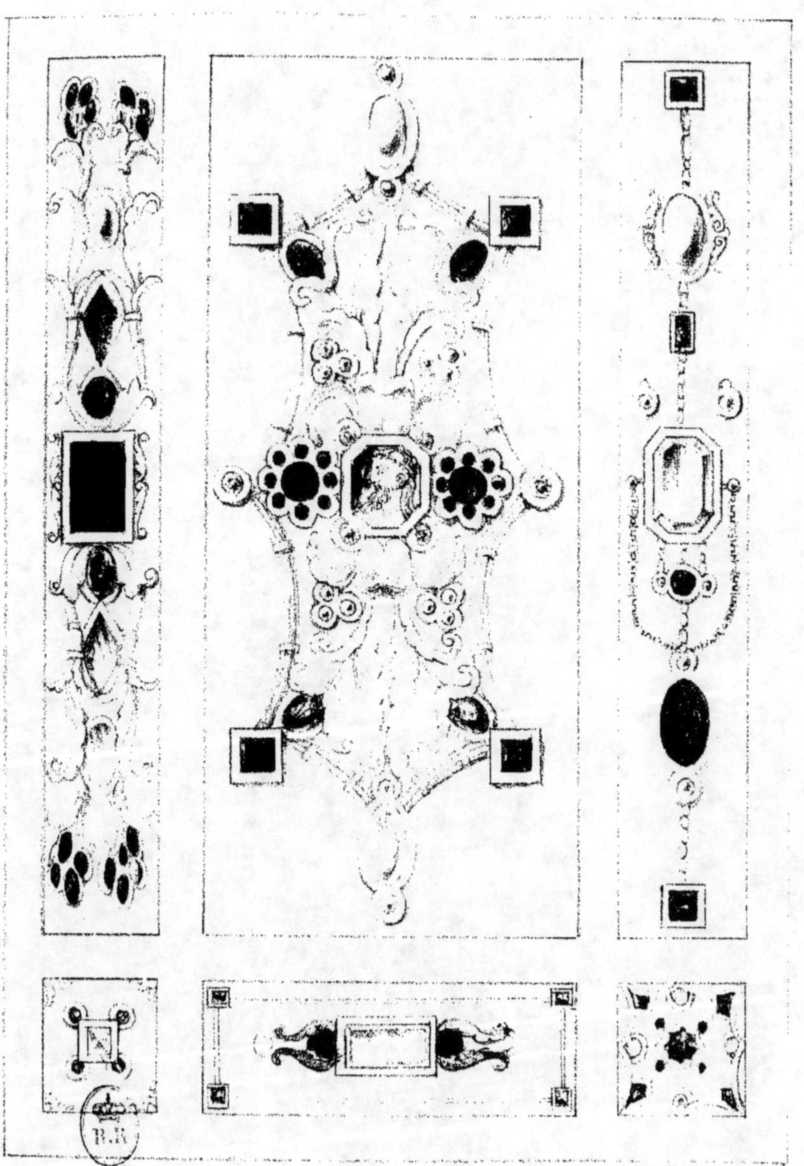

40
Lith. de Thierry Frères.

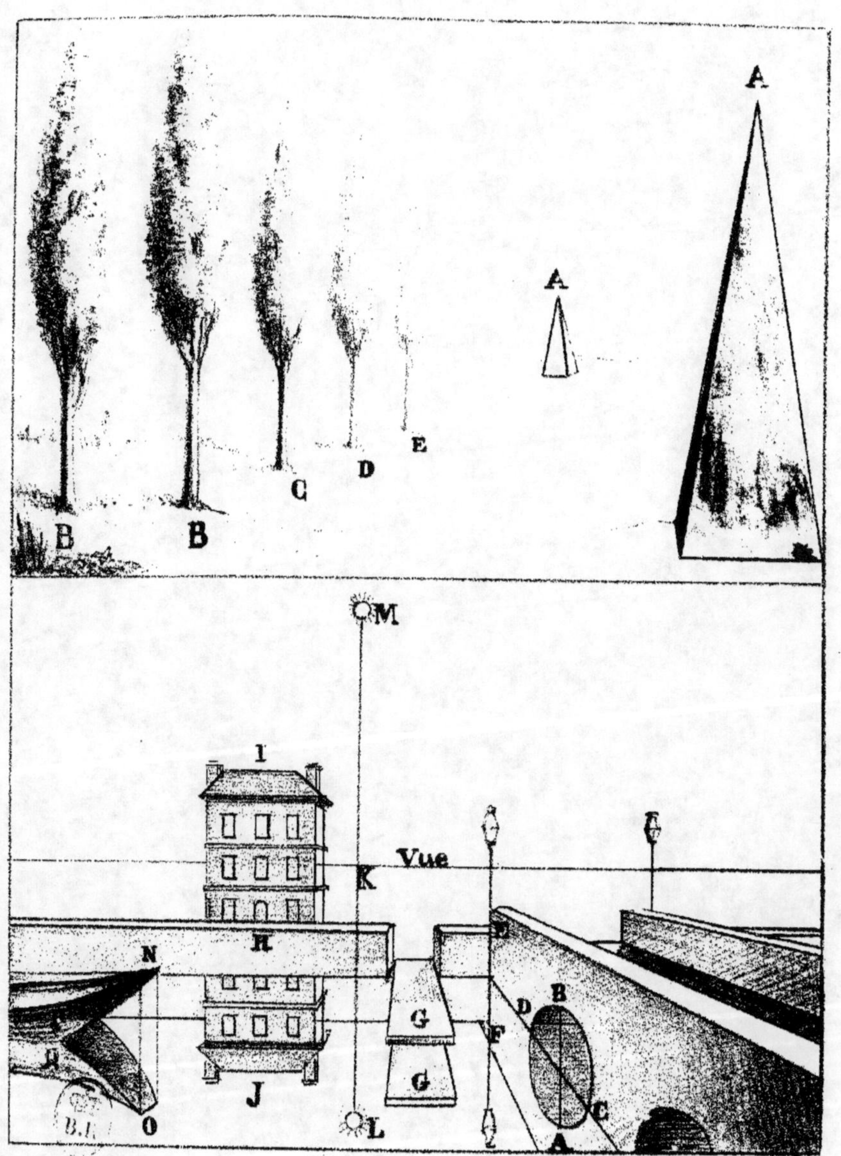
A
A
B
B
C
D
E
M
1
Vue
K
H
N
G
G
D
B
F
J
C
O
L
A
B.I.

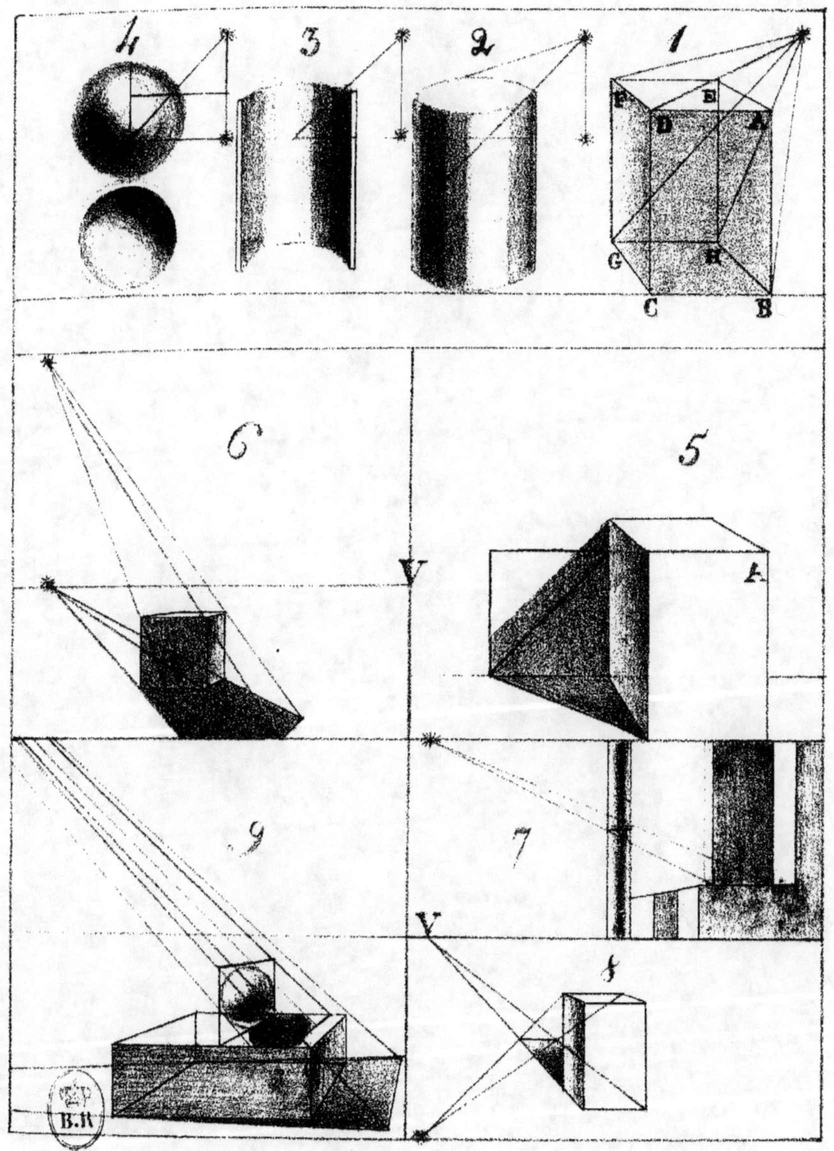
42
4
3
2
1
F E
D A
G H
C B
6
5
V
A
9
7
V
8
B.R

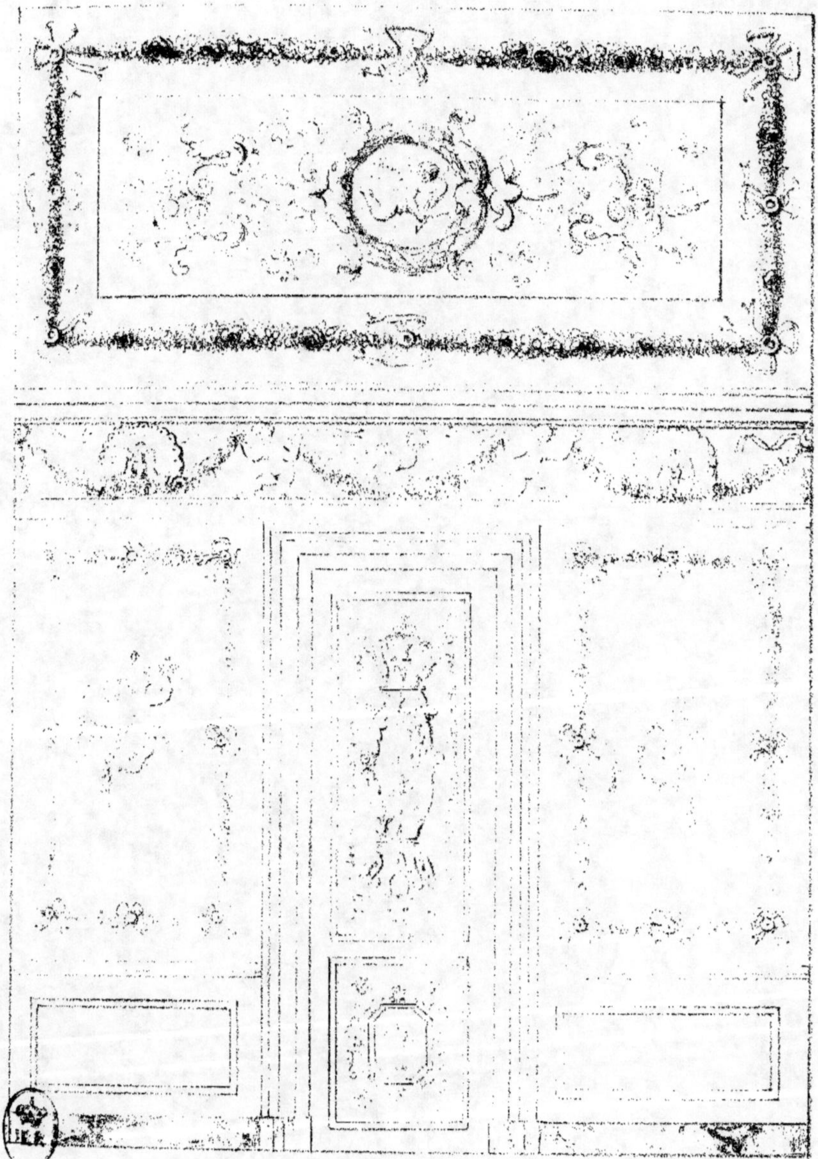

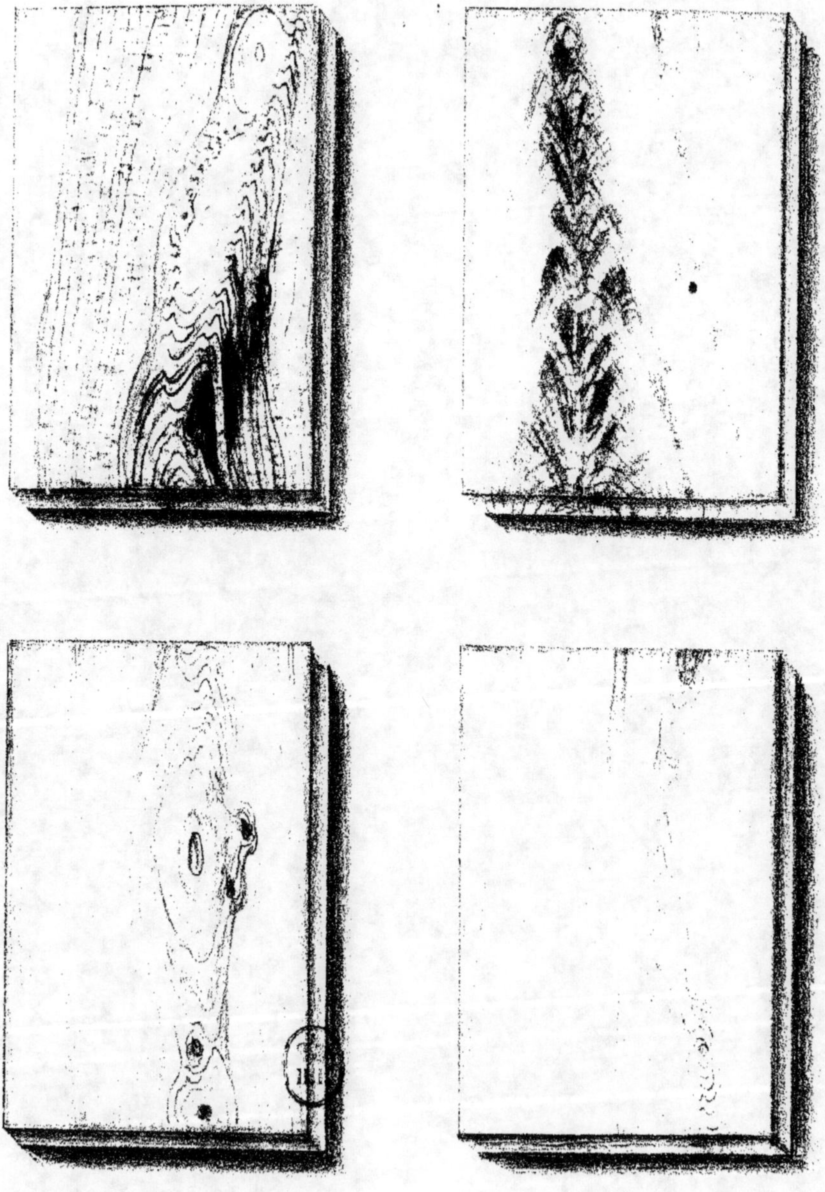

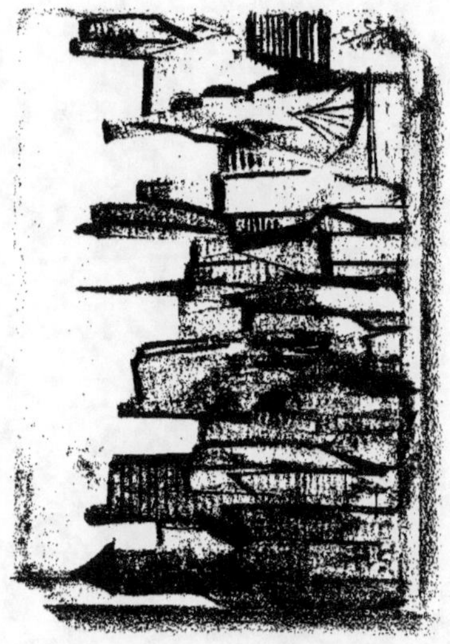

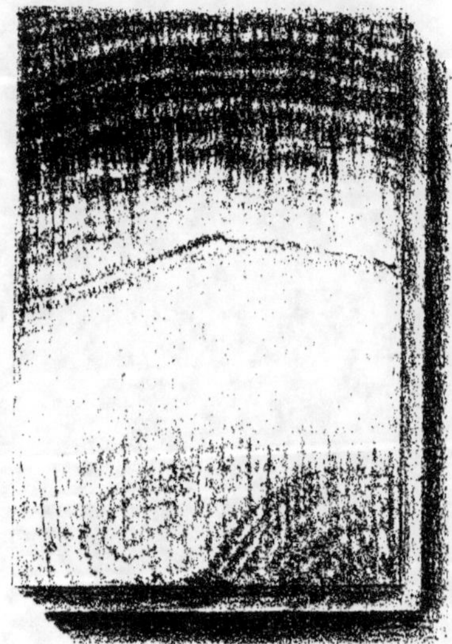

Lith. de Thierry Frères.

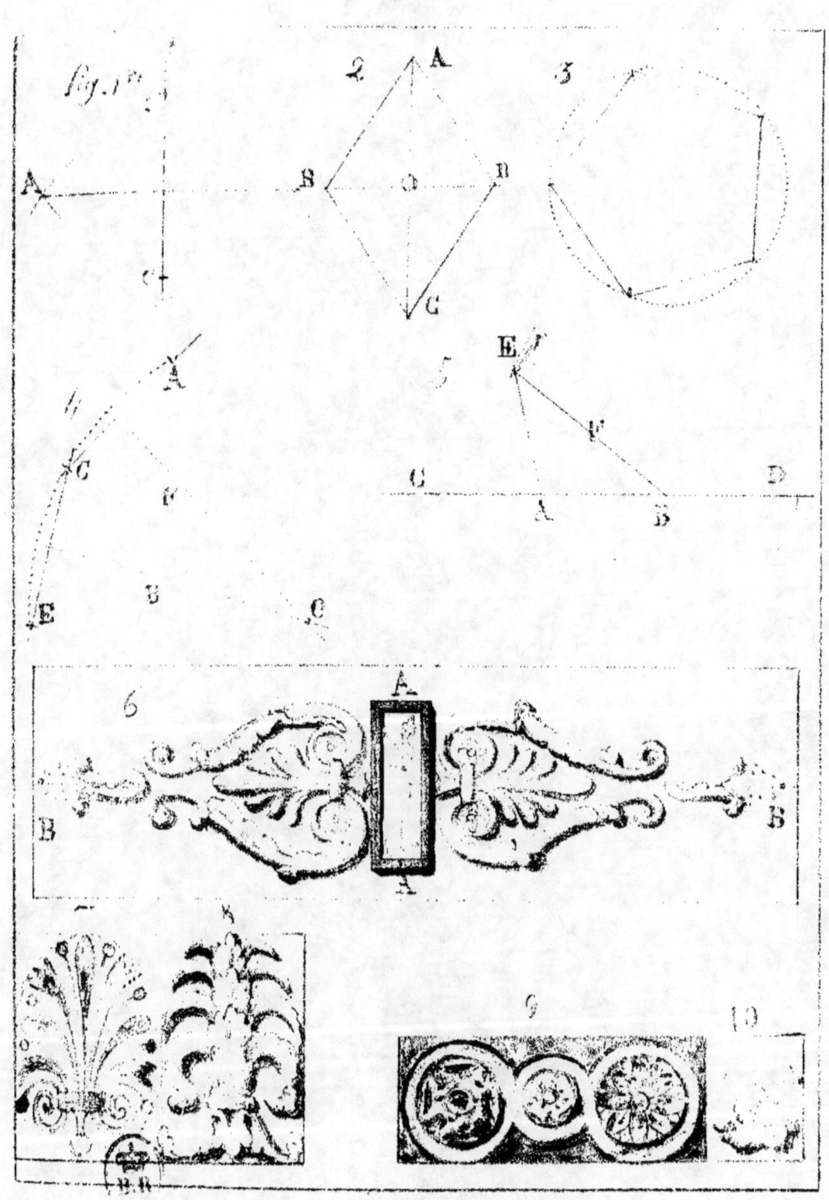

46
Fig.1re
A
2
A
B D
C
3
5
E
F
C A B D
A
C
F
B
E
6
A
B B
A
8
9
10

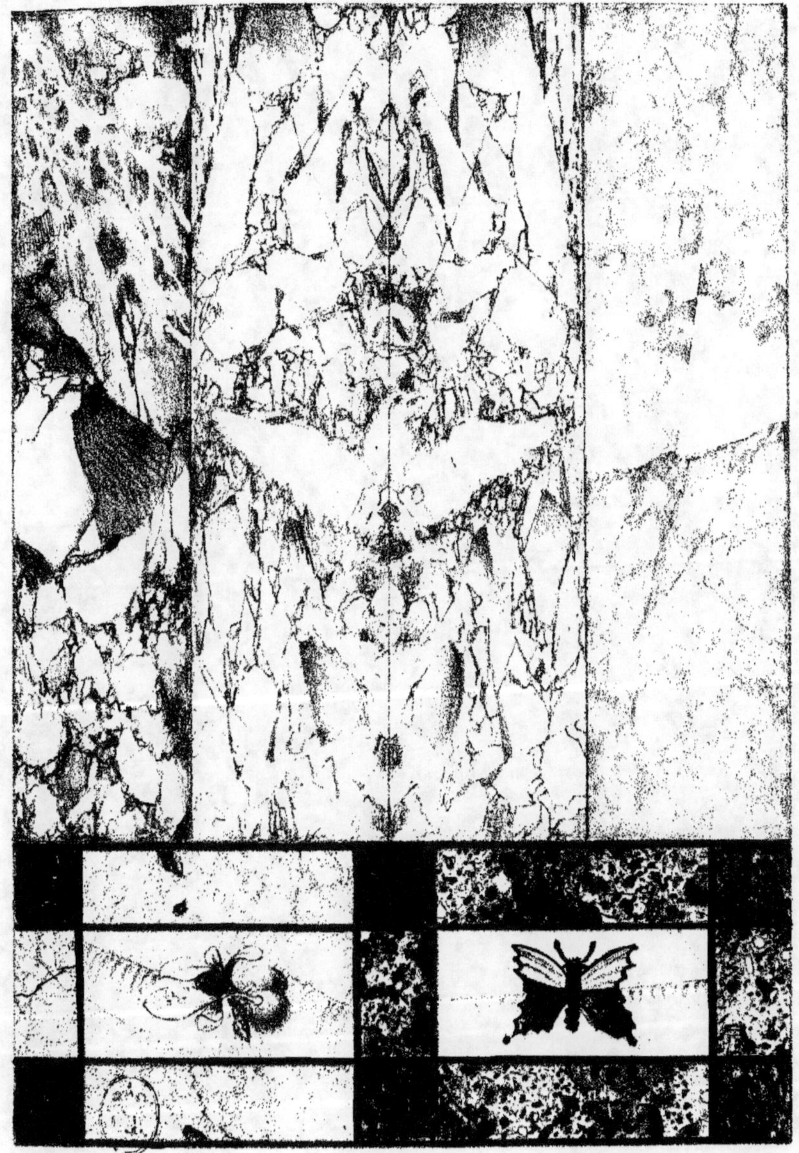

48

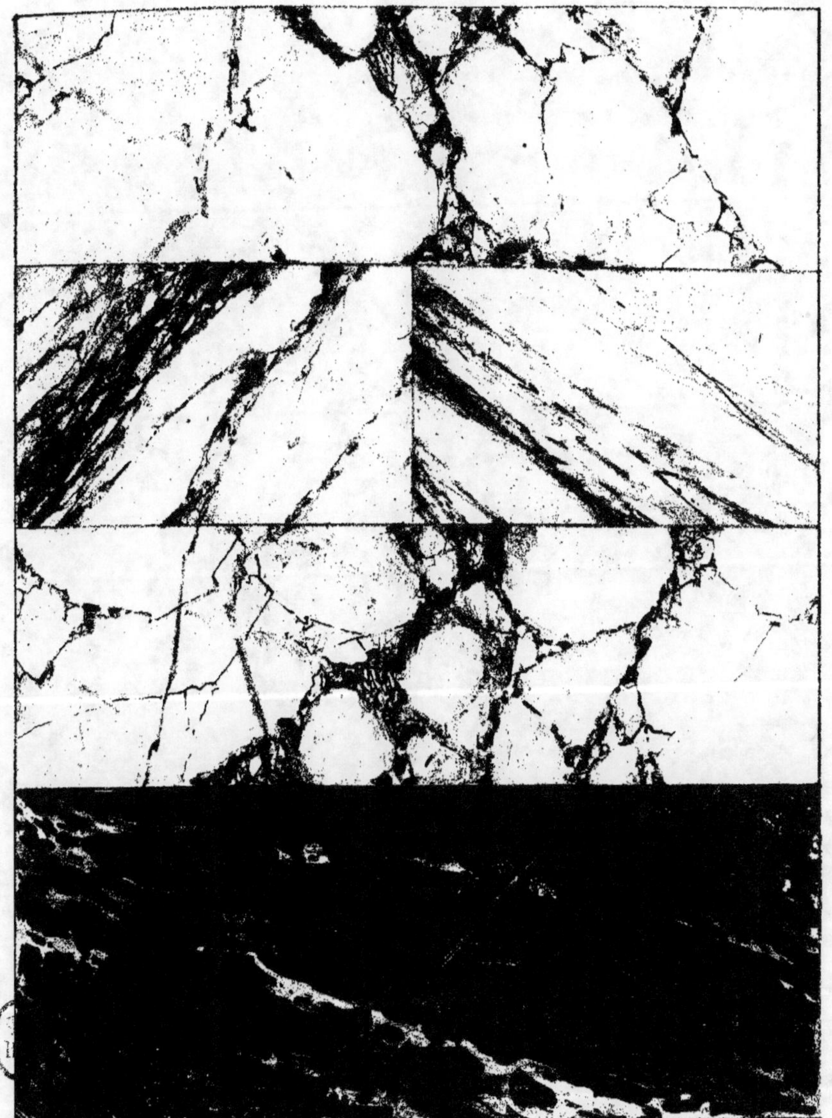

Lith. de Thierry Frères.

51

3
2
1
6
5
4

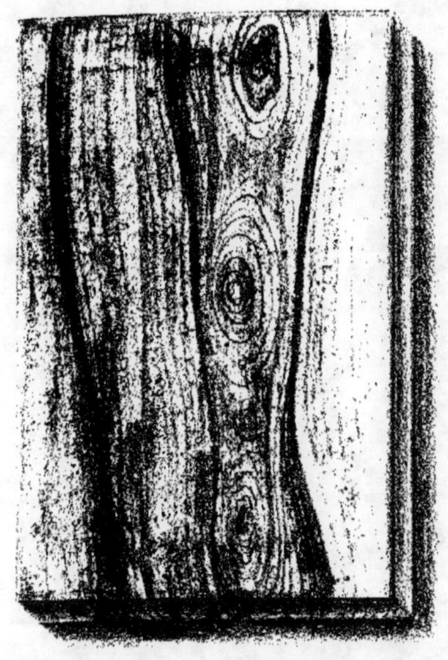 

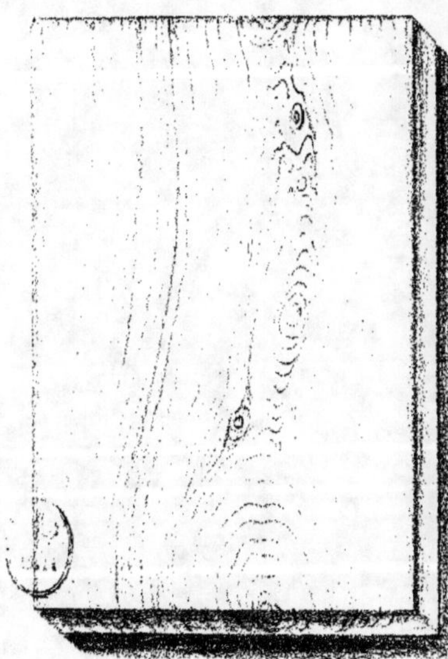 

a b c d e f g h
i j k l m n o p
q r s t u v x y
· z & æ œ ·

1 2 3 4 5 6 7 8 9

E I E I E

58

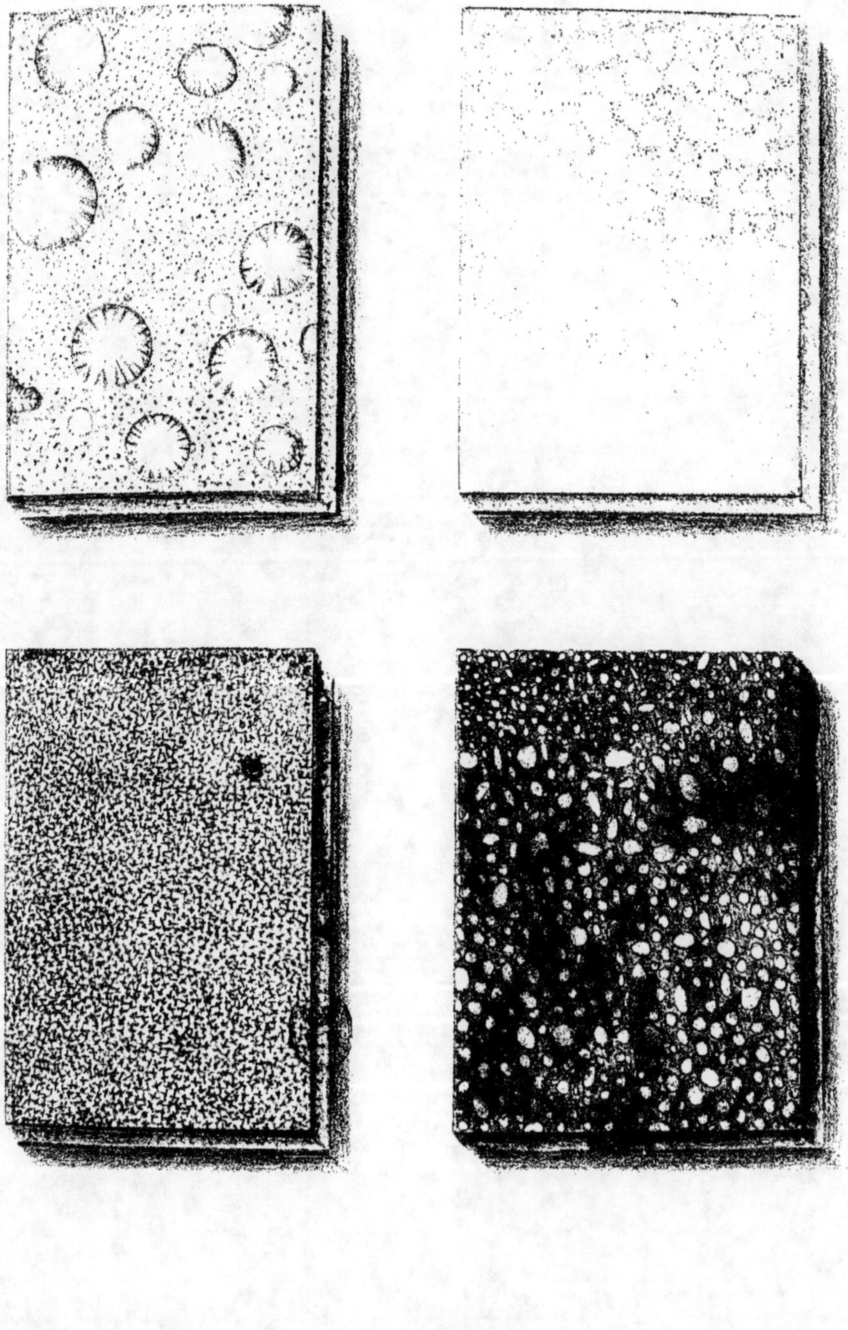

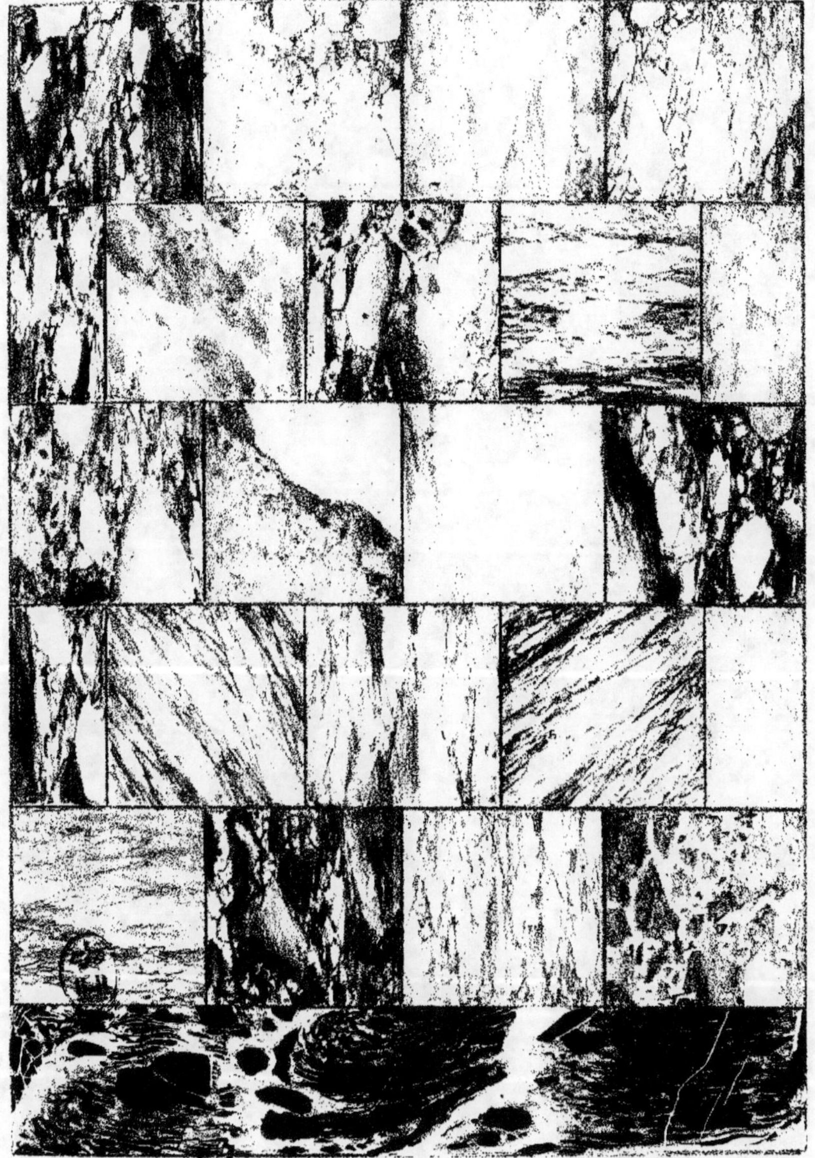

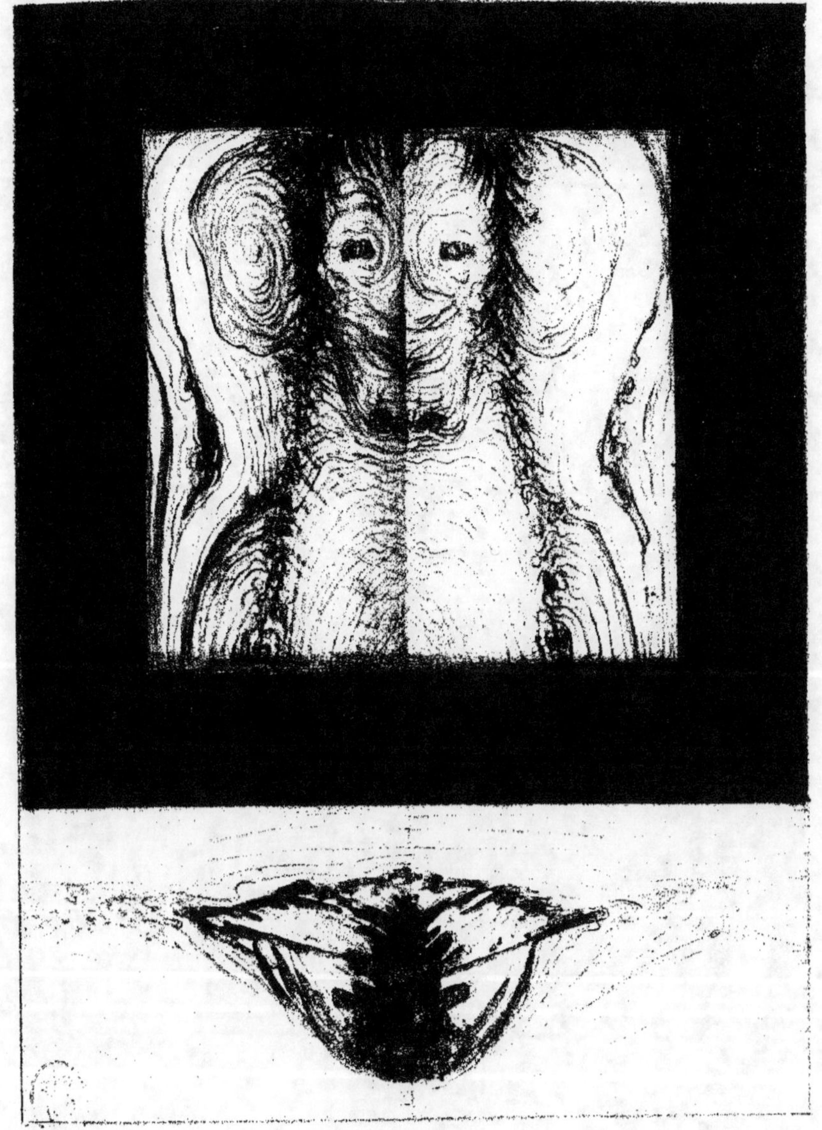

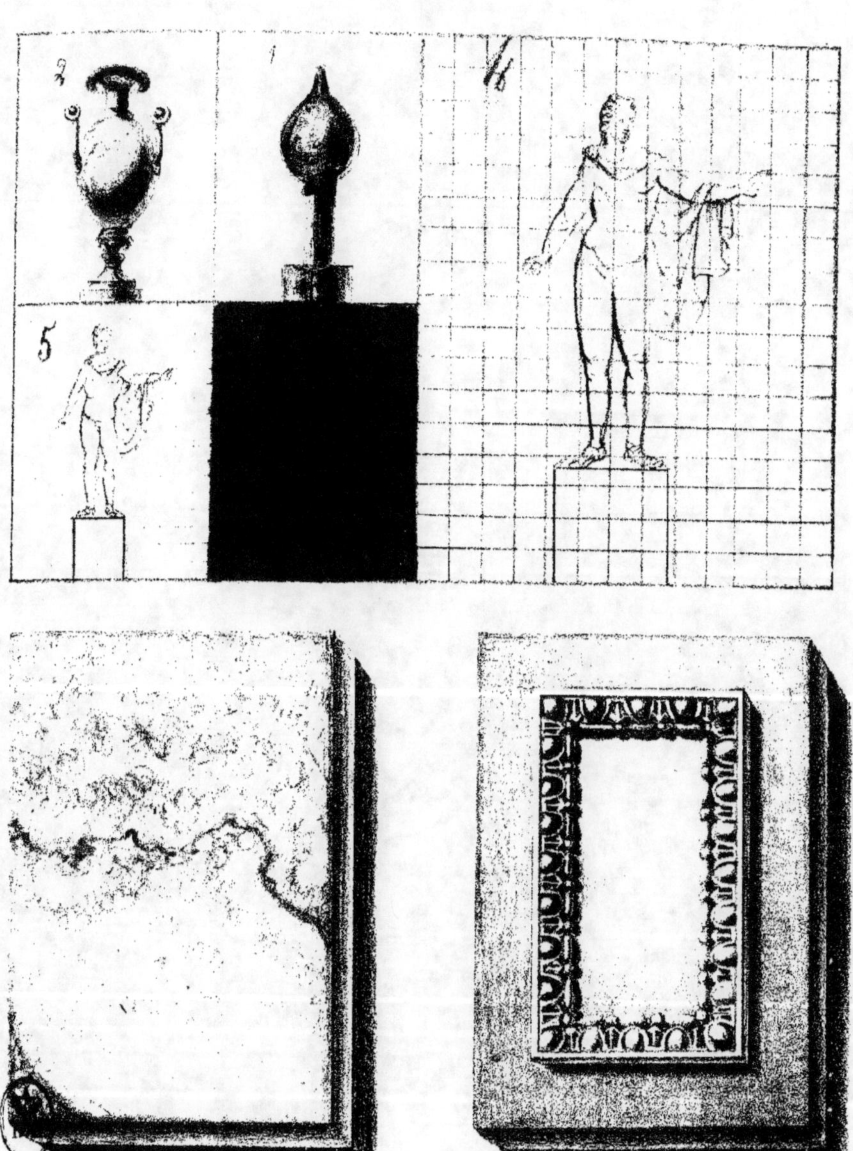

DUBRUEL PEIN

FABRIQUE DE BRON

AU
XVIe
SIECLE
DEPOT
DE
RUBANS

A B C D E

F G H I J

K L M N O

P Q R S T

U V X Y Z

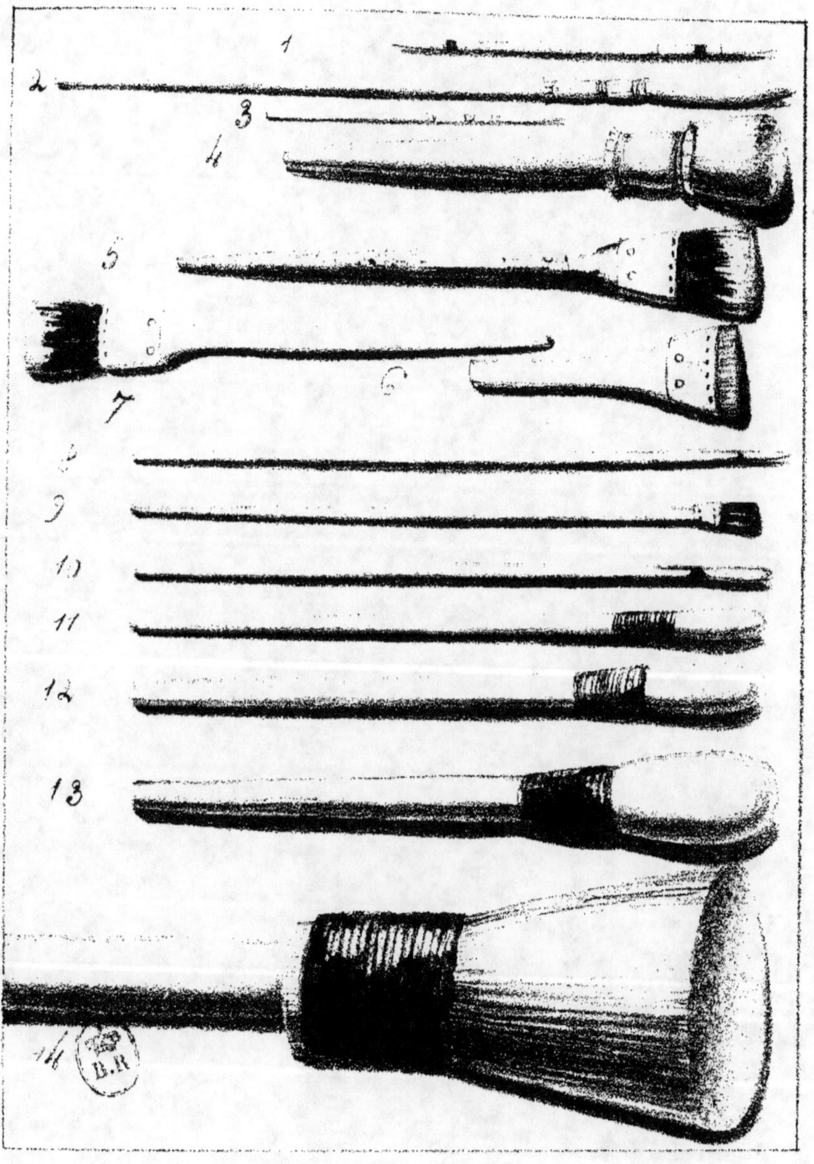

échelle de 12 pouces

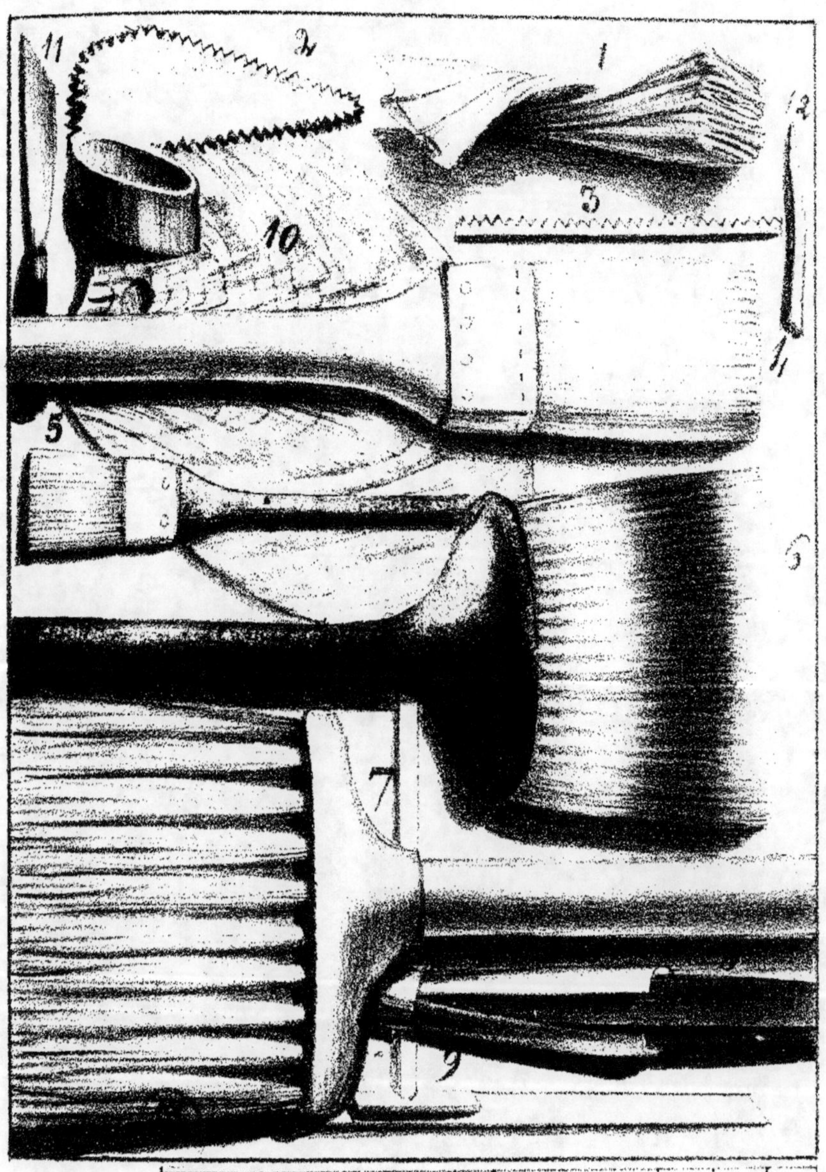

échelle de 12 pouces